Francisco Javier Fernández Martín
Indesign CS2-CS3-CS4 y posteriores.
ISBN: 9798856998343
ISBN Tapa Dura: 9798856998404

ÍNDICE

Para poner tracking ir a ventana carácter.

Francisco Javier Fernández Martín

1.- Herramientas básicas.

1.1.- Herramienta Selección.

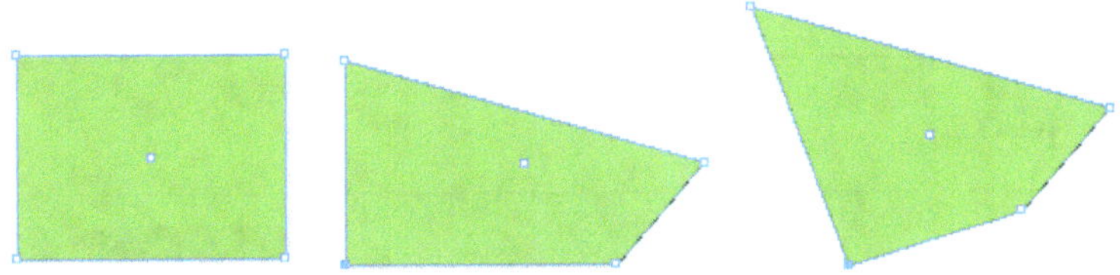 Sirve para seleccionar objetos, tanto el contenido como el continente.

1.1.- Herramienta subselección.

Sirve para seleccionar el contenido de las figuras, o para deformar un objeto (como cuadrados etc.)

1.3.- Herramienta texto.

Necesitamos hacer una caja para introducir el texto, este programa crea caja de muchas maneras, por ejemplo, pinchando y arrastrando.

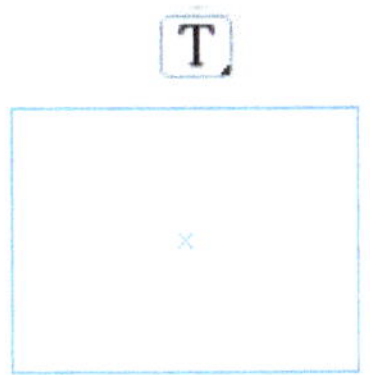

Una vez hecho el cuadrado/rectángulo de texto (4 puntos 1mm), tendremos las opciones típicas de texto.

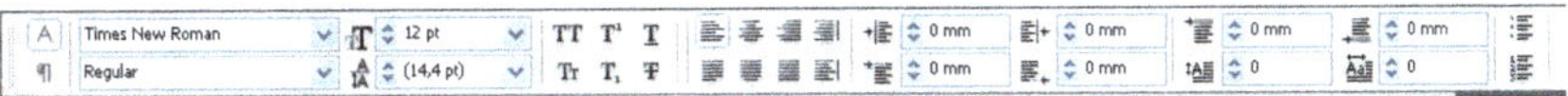

Usaremos estas letras para todos los ejemplos:

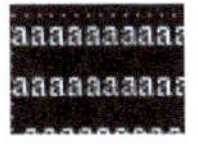

Interlinea: distancia entre las líneas, dependerá del fabricante de cada letra.

TT	Todo a mayúsculas	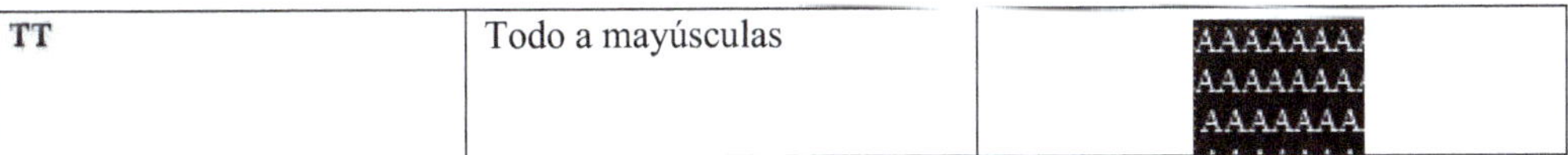

Francisco Javier Fernández Martín

Tᴛ	Versalitas: sirve para poner en mayúsculas las letras, pero esta vez las hace como tamaño minúsculas.	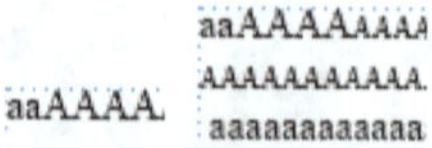
T¹	Superíndice	
T₁	Subíndice	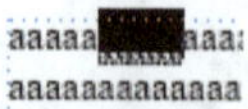
T	Subrayado	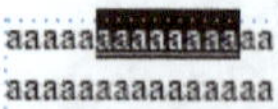
T	Tachado	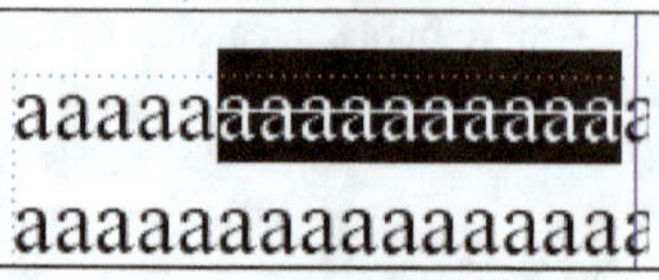

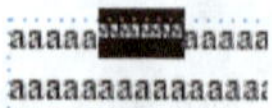

Distancias, sangrados y espaciados.

4 mm	Sangría izquierda	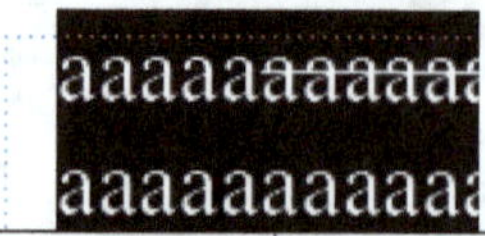
4 mm	Sangría derecha	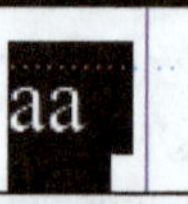
4 mm	Sangría izquierda de primera línea	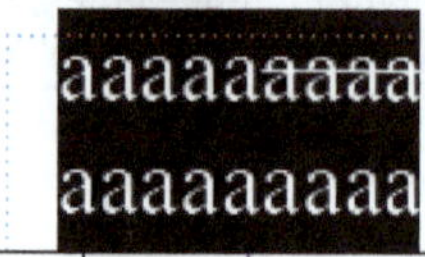
4 mm	Sangría derecha de última línea	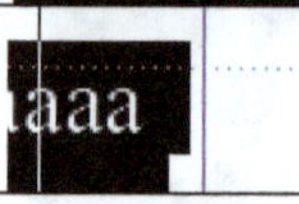
2 mm	**Espacio antes del párrafo:** antes del punto y a parte.	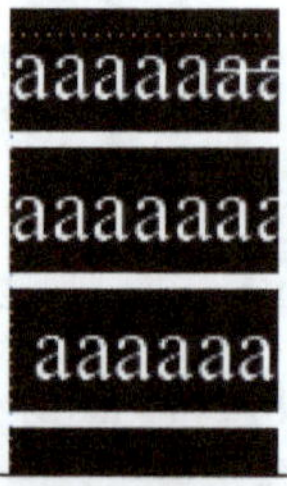
2 mm	**Espacio después del párrafo:** después del punto y a parte.	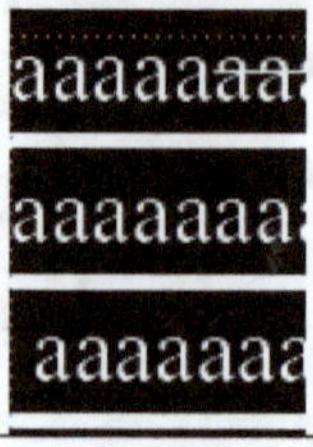

Francisco Javier Fernández Martín

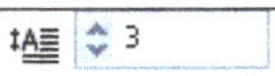 ‡A≣ ↕ 3	**Capitulares:** (letra capital): definimos las líneas que habrá conteniendo a una letra capital.	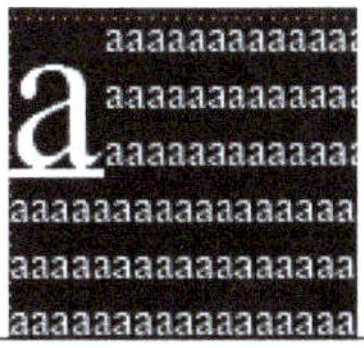
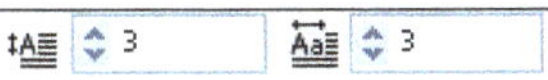 ‡A≣ ↕ 3 Aa≣ ↕ 3	**Cuantas letras queremos que sean capitulares.**	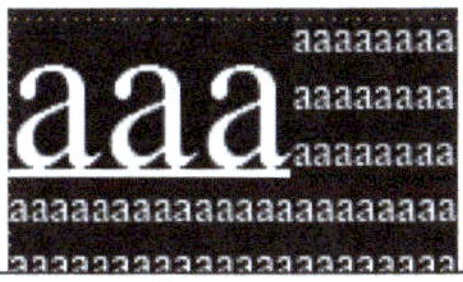

Para ver las siguientes opciones deberemos tener saltos de carro en el texto.

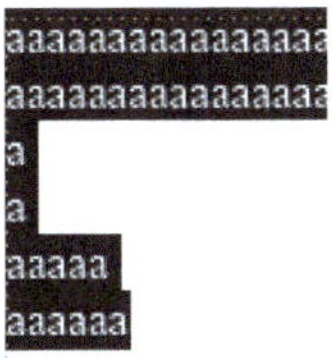

≣	**Listas con viñetas:**	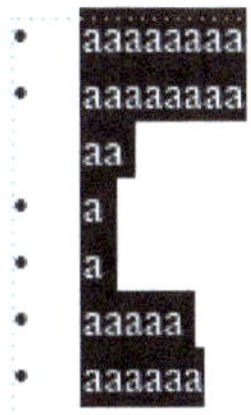
≣	**Listas con viñetas numeradas:**	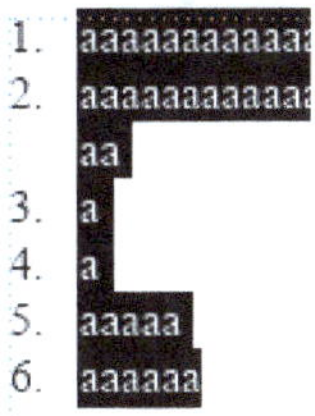

Tenemos en cuenta que podremos configurar todo este tipo de viñetas tanto numeradas como sin numerar:

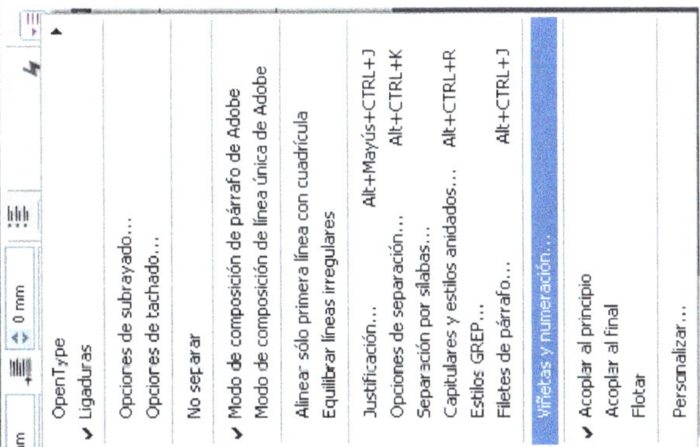

Francisco Javier Fernández Martín

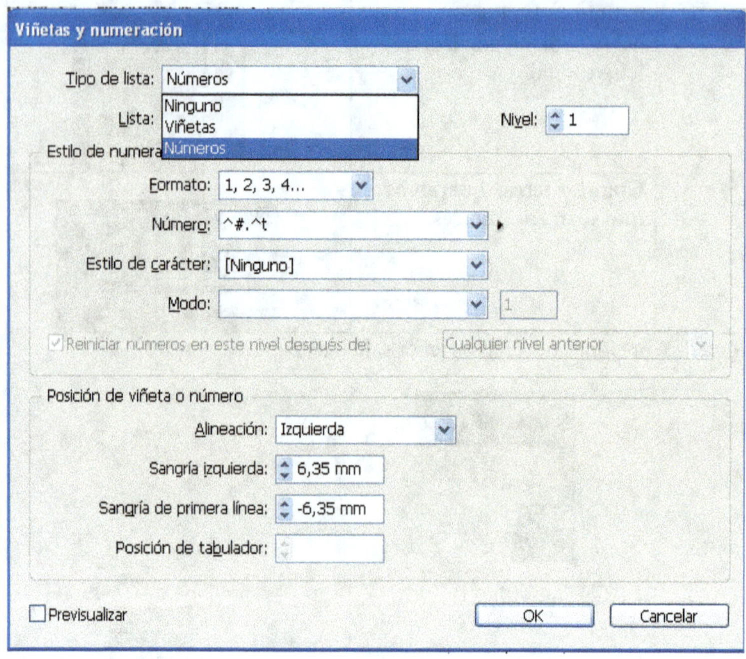

Aquí podremos elegir si lo que queremos configurar es las viñetas o las numeradas.

Formato: Podremos elegir el tipo de numeración, romana, arábiga… etc.
Lo demás ir probándolo para ver que tal funciona.

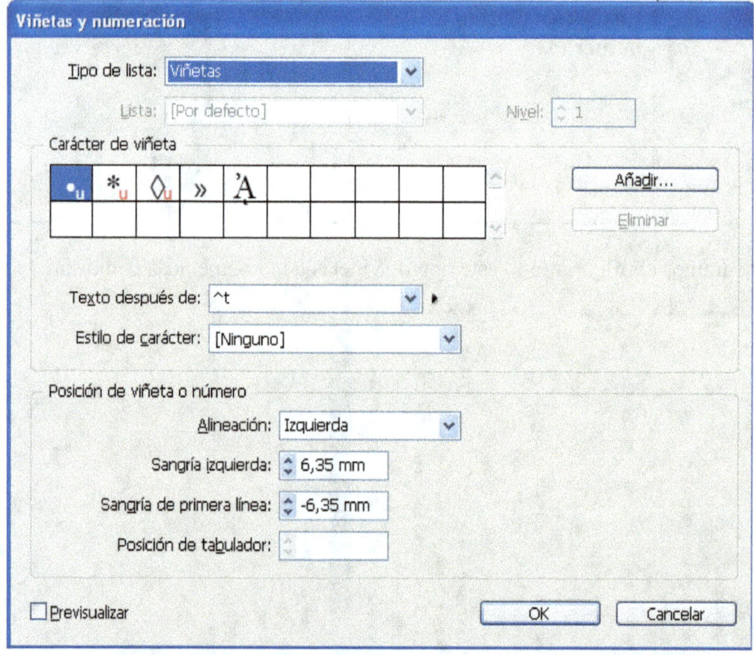

Francisco Javier Fernández Martín

Aquí podremos elegir el tipo de viñetas que tendremos, desde poner los puntos, asteriscos.. o podremos añadir alguno personalizado:

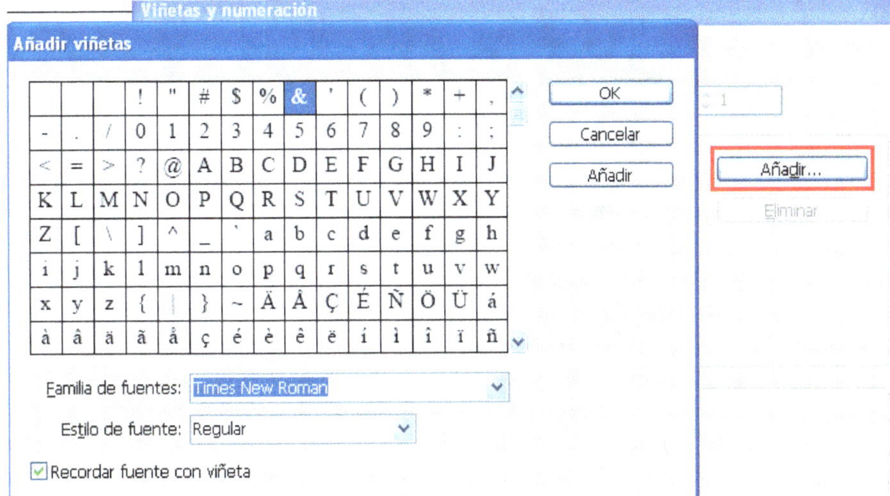

Daríamos a OK y quedaría así:

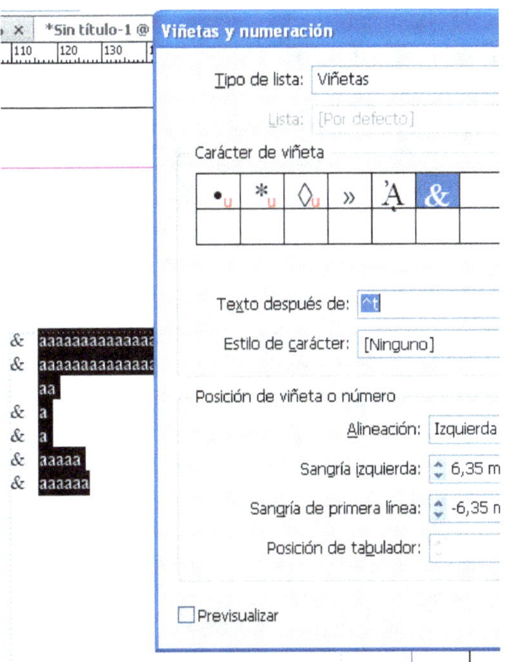

Opciones de subrayado. → desplazamiento: distancia del texto al subrayado.
Opciones de tachado.
Opciones de justificación.
Opciones de separación. Si ponemos -2, podremos encontrarnos con huérfanas y con viudas, son faltas de ortografía, por tanto no queda bien.
Opciones de sílabas:
Opciones de capitulares y estilos anidados:

Francisco Javier Fernández Martín

Opciones de Filetes de párrafo: esto son rayas después de los párrafos, para separarlo, es utilizado en revistas.

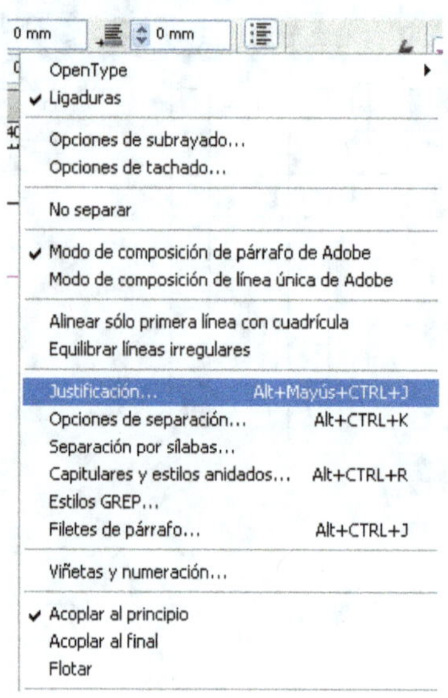

--------------------Las propiedades que nos ofrece la caja de texto, una vez está seleccionada:----------------------

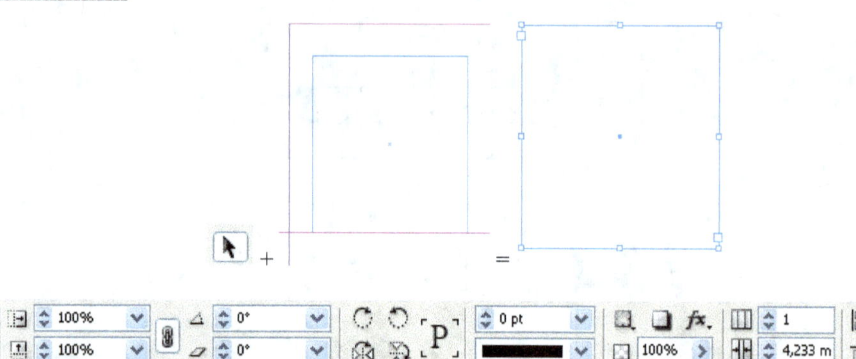

Para sesgar el texto (más o menos serviría para poner el texto en cursiva.

Podemos quitar opacidad al texto:

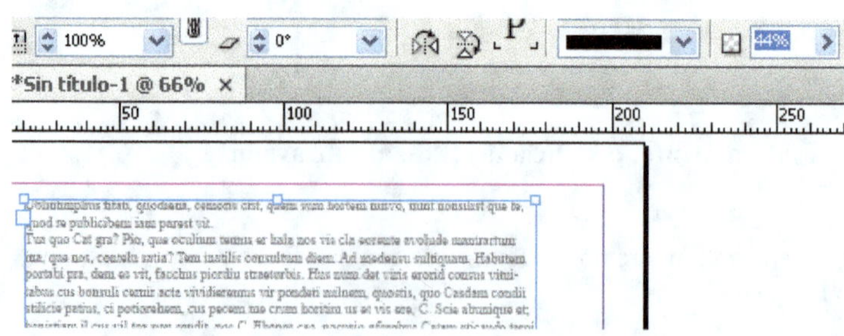

Francisco Javier Fernández Martín

Sería parecido poner el texto en solo gris.
Podremos seleccionar a qué queremos aplicarle esta opacidad:

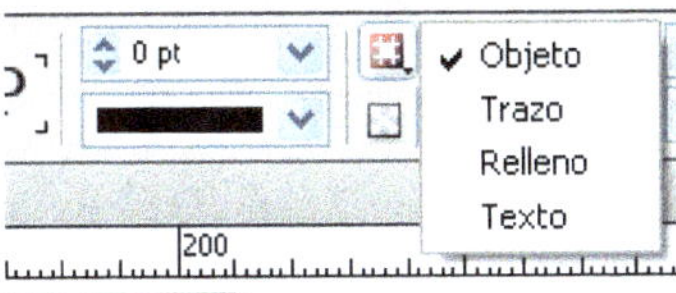

Aquí podremos seleccionar a qué queremos darle la opacidad.

Sombra paralela: **Ejemplo:** sombra paralela al texto:

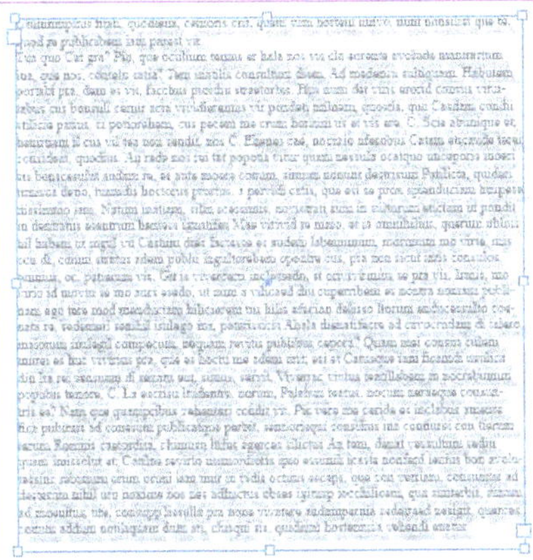

También tendremos más tipos de efectos:

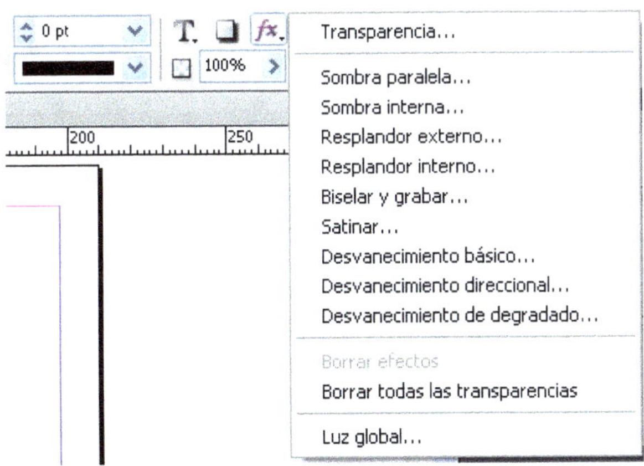

En ellos podremos configurarlos:

Francisco Javier Fernández Martín

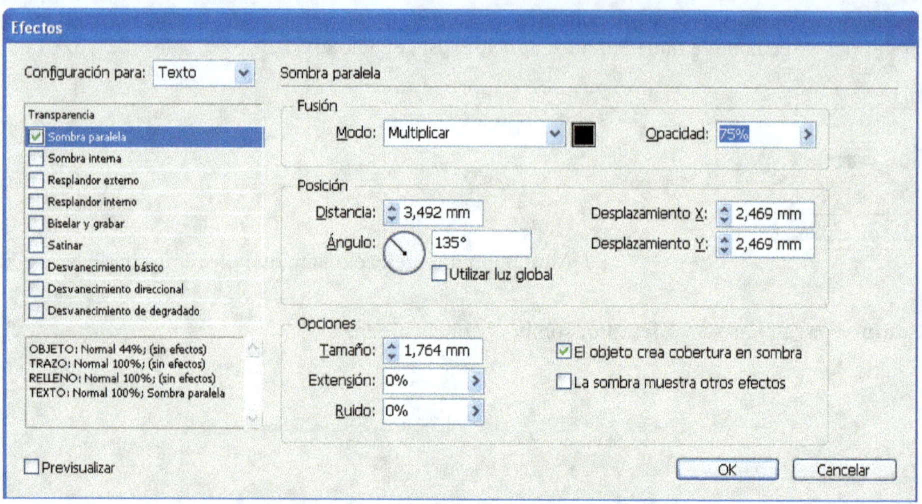

Aquí tenemos todos los tipos de efectos y estos son configurables, podremos poner el ángulo, distancia…

- Utilizar luz global: significa que la luz le daría al documento por un mismo sitio, para conseguir el efecto de la sombra siempre hacia un mismo lado.
- Si lo que queremos es conseguir que la sombra se vea por todo el documento, deberemos rellenarlo con un % de opacidad menor.

El texto deberemos encadenarlo, es decir, que continúe entre columnas.

¿Cómo sabemos si el texto está desbordado?

Aquí
encontramos
una cruz roja,
la cual
muestra que
tenemos
texto oculto,
el cual no se
puede
mostrar por
el tamaño de
la columna.

Ahora lo que
queremos es
hacer 2
columnas,
para pasar el
texto de un
lado a otro.

Simplemente
deberemos
hacer clic en la
cruz roja, y clic
en una parte en
blanco de
nuestra hoja o
documento.

El
inconveniente
de este método,
es que la caja
la hace con la
medida de las
guías
originales (con
el ancho de
márgenes)

Lo que siempre debemos usar son las medidas, para que siempre sea exacto, es decir, para ver que queda todo horizontal, y no se queden descolocadas.

Si por ejemplo, tenemos 2 columnas, una la queremos a 131, y la siguiente que esté igual:

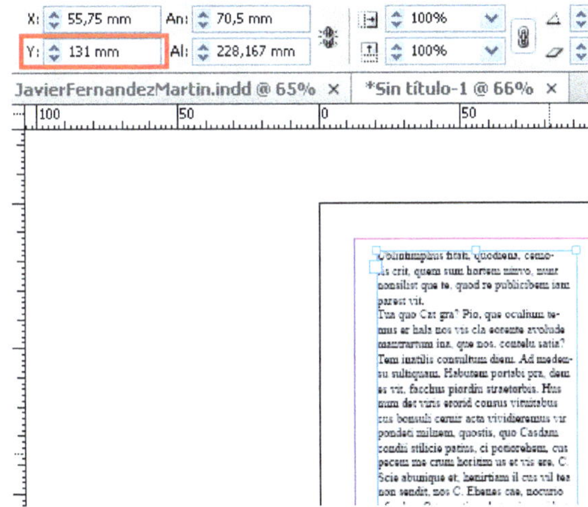

Ahora observamos que la segunda columna no queda igual:

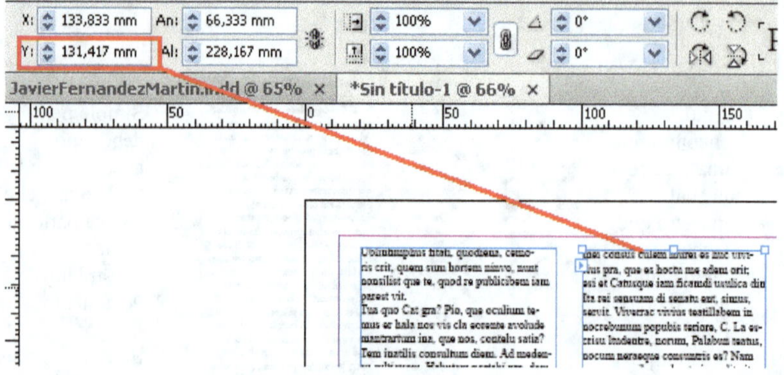

Por tanto, deberemos cambiar la posición de la Y, y así conseguiremos que estén a la misma altura.

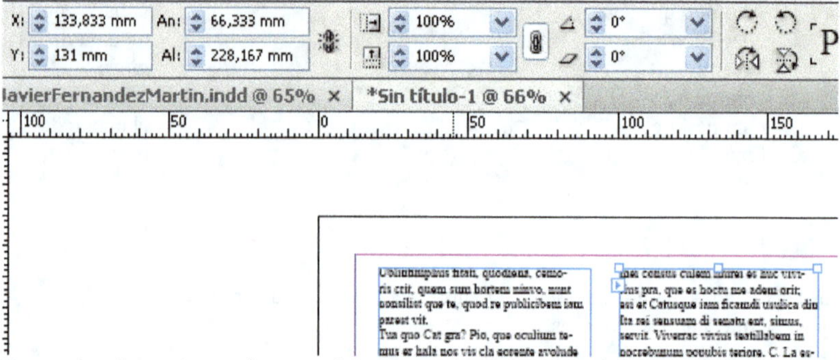

Para ver más opciones de texto deberemos ir a la opción de:

[Opciones de marco de texto.](#)

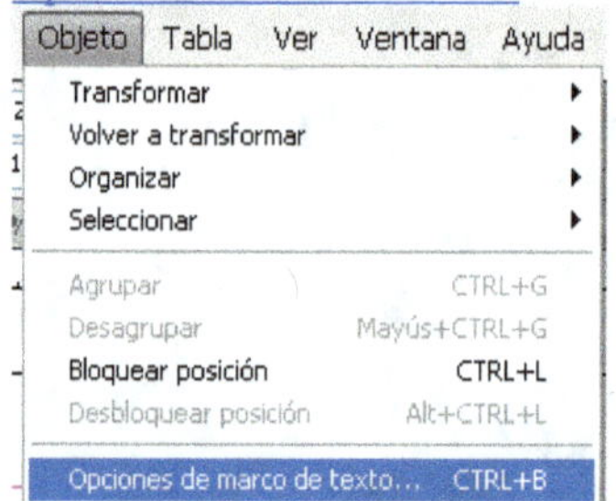

También tenemos más opciones en las ventanas flotantes:

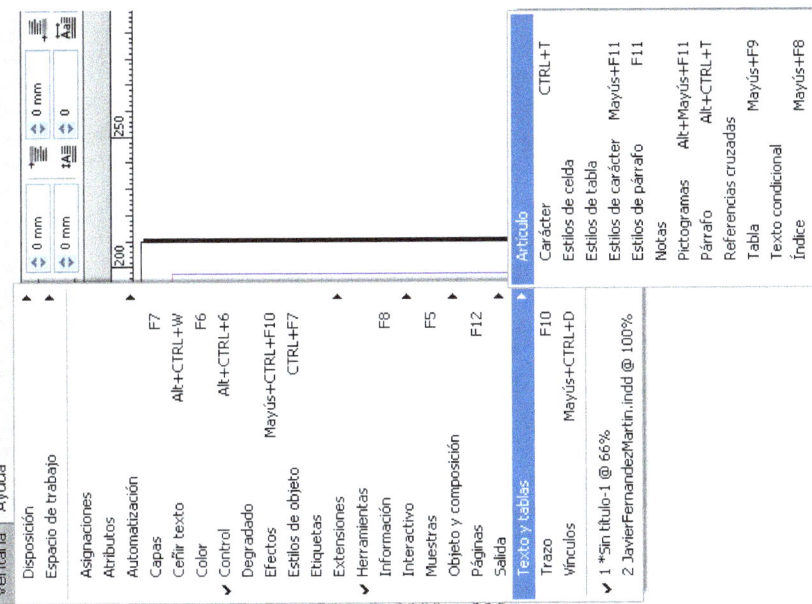

stilo de carácter:

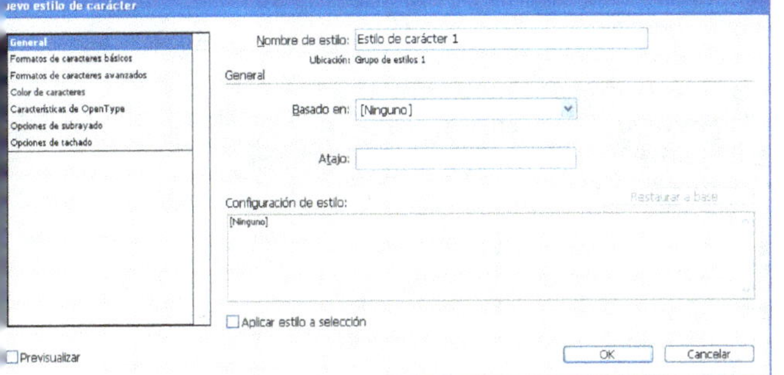

Aquí podemos configurar el estilo del carácter.

Opentype: características del fabricante de las fuentes.

entro de una caja de texto, el estilo que elegiremos será aplicado al párrafo, anteriormente no se odía, solamente se podía aplicar a cada caja de texto.

stilo de párrafo:
a alineación con cuadrículas significa que no quedarán las líneas descolgadas.
ambiar capitulares, sangrado…
n la tabulación podemos corregir los tamaños de las tabulaciones:
odremos definir a donde alinear cada vez que demos, y el espaciado entre tabulación y tabulación.
Organización de las ventanas: como en todos los programas, podremos organizar las ventanas de
 derecha:

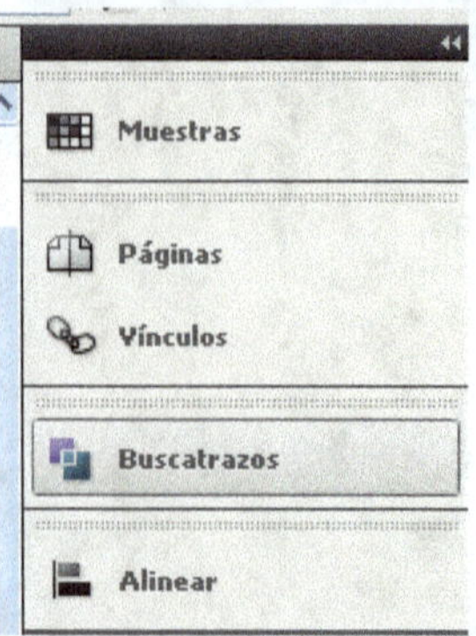

Además, tenemos más opciones para acceder a texto:

- en las tabulaciones, tenemos la posibilidad de además de darle áreas de tabulación, podemos darle áreas de sangrado, tanto al primer párrafo como a la primera línea.

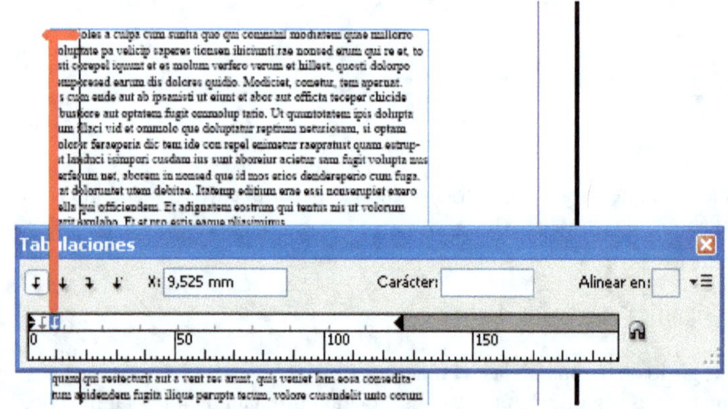

También podemos hacerlo del resto de partes:

** Buscar fuente: permite encontrar una tipografía que no esté en la carpeta predefinida.
En una impresora postcript, como funciona como otro equipo, si una fuente no tiene cursiva, no la imprimiría.
Si la fuente no tiene la opción, de negrita, no la pone, por tanto no se imprimirá en una impresora postcript, en una normal de casa sí.

Veamos el ejemplo:

Francisco Javier Fernández Martín

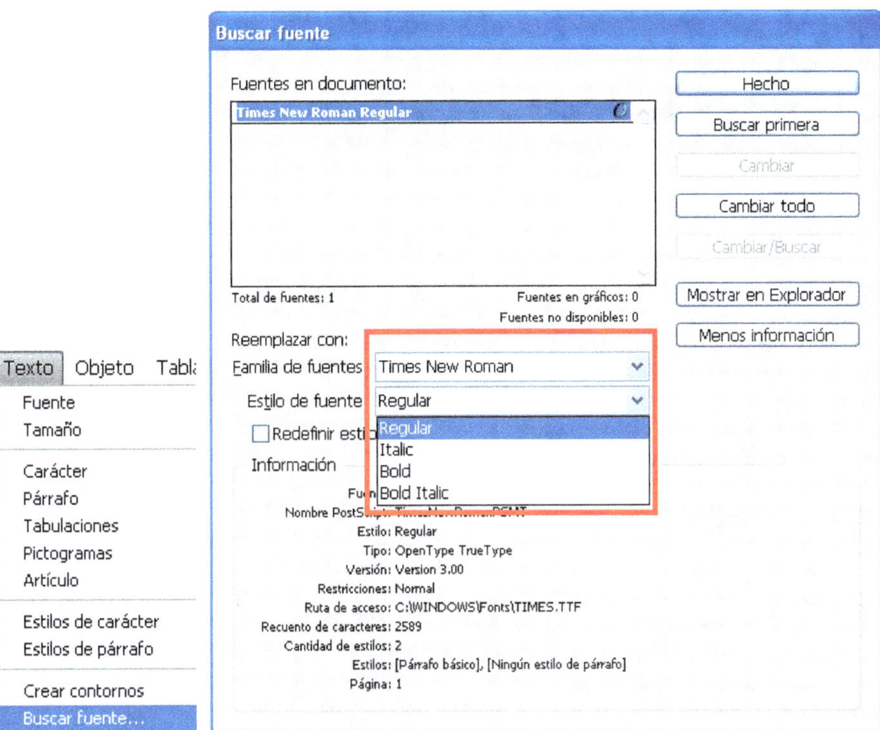

Como podemos observar, la Times New Roman, tiene las 3 posibilidades, es decir, en una postcript, se imprimirá perfectamente tanto en cursiva, como en negrita, como en cursiva negrita.

Pero veamos un ejemplo de fuente que no tiene esas posibilidades:

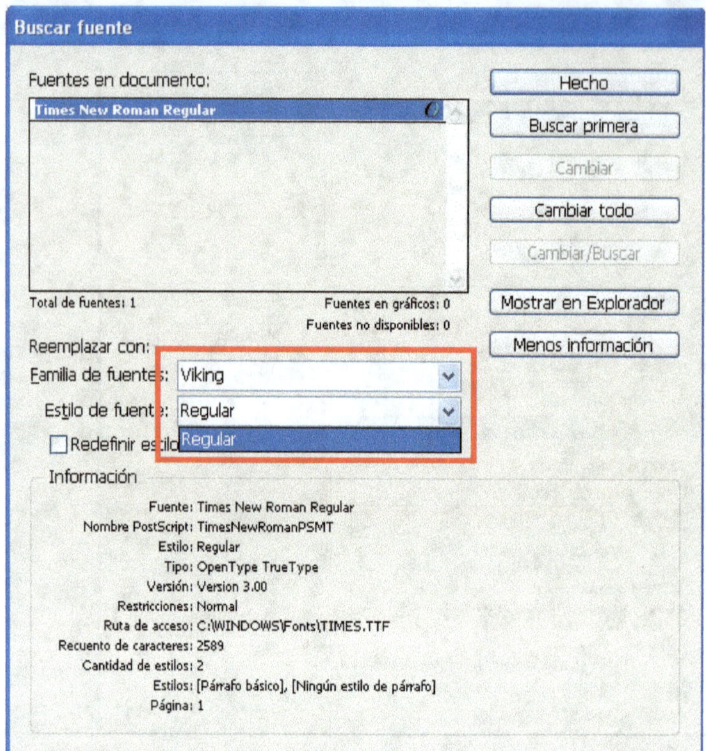

En este caso, una impresora postcript, no imprimiría esto.
* Para solucionar esto, la podríamos trazar, pero si una tipografía da problemas… podremos encontrar problemas para las Ñ, tíldes, comillas, pintitos… ¿Por qué? Porque no lo tienen como propiedad, al no tenerla y pasarla a trazado encontraríamos errores, como cuadrados en las dichas letras y símbolos. Hay otras veces que no da este problema, para ello hay que cerciorarse.

WingDings
(TrueType)

* Para solucionar esto, deberemos utilizar tipografías OPENTYPE, son las más ricas en caracteres, son las que más caracteres tienen, son multiplataforma (la misma fuente funciona en PC como en MAC y no varía), las que más problemas dan son las TRUETYPE 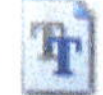, también son

Wingdings 2
(TrueType)

multiplataforma pero tienen menos caracteres, después están las fuentes de TIPO 1 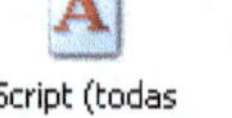, que hay que tener 2 archivos, la fuente de visualización y la fuente de impresora.

Script (todas
res)

Al igual que en Photoshop, podremos escribir siguiendo un trazado:

Francisco Javier Fernández Martín

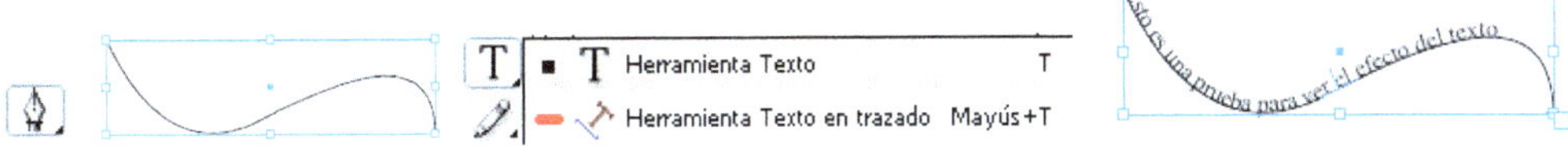

Una vez hecho esto, podremos modificar todo lo que queramos…

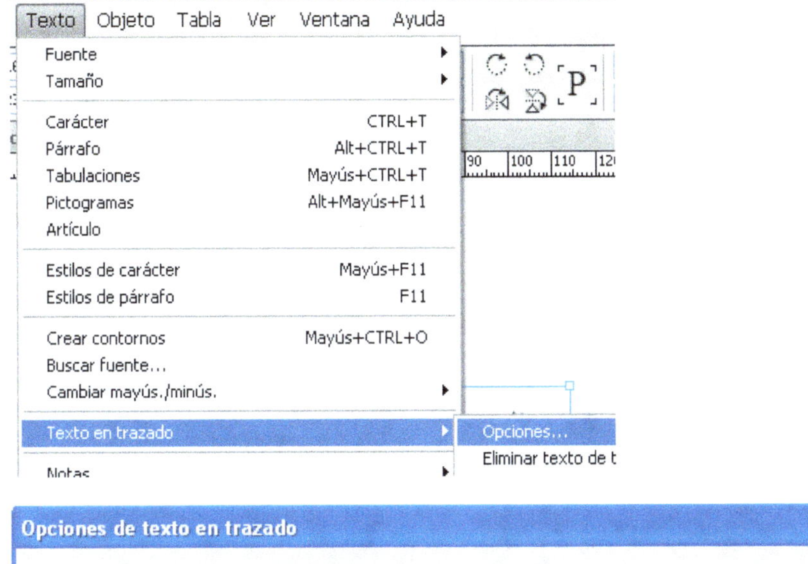

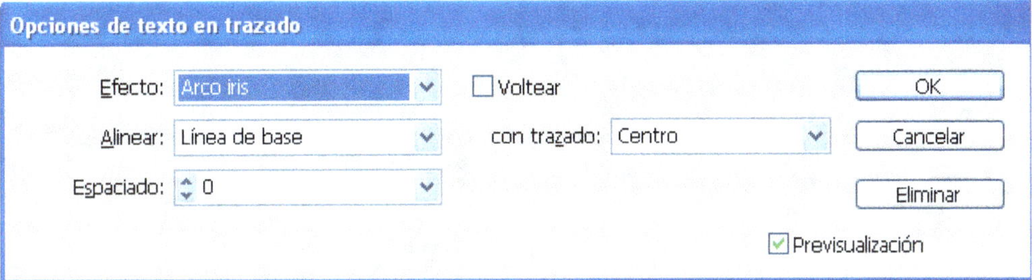

Aquí podremos cambiar las propiedades que queramos, el efecto, la alineación…

Insertar variables: texto que se modifica en función del texto que tenga de entradas. Es decir, las variables en programación.

Insertar caracteres especiales: podremos introducir muchos símbolos…

Francisco Javier Fernández Martín

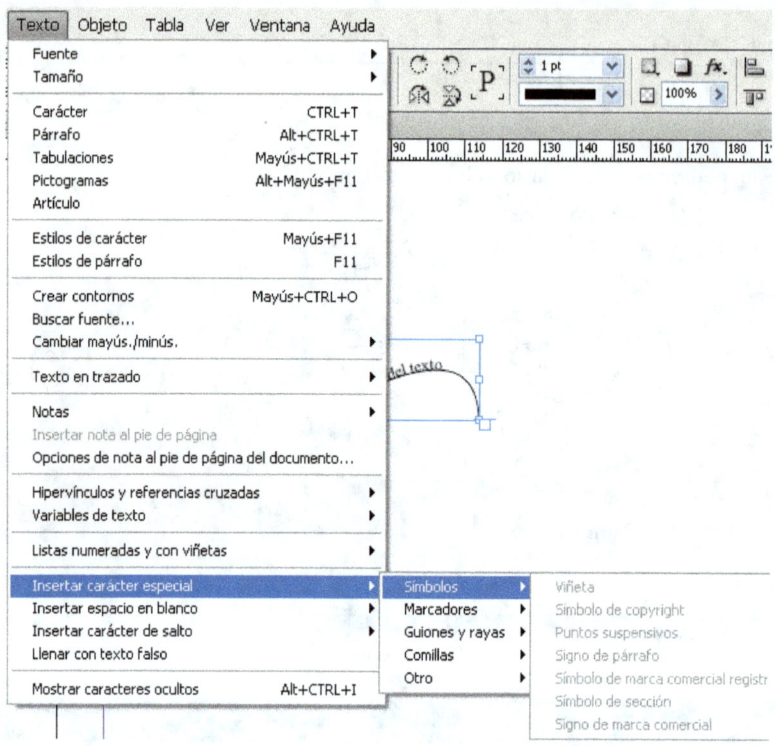

Insertar marcadores:

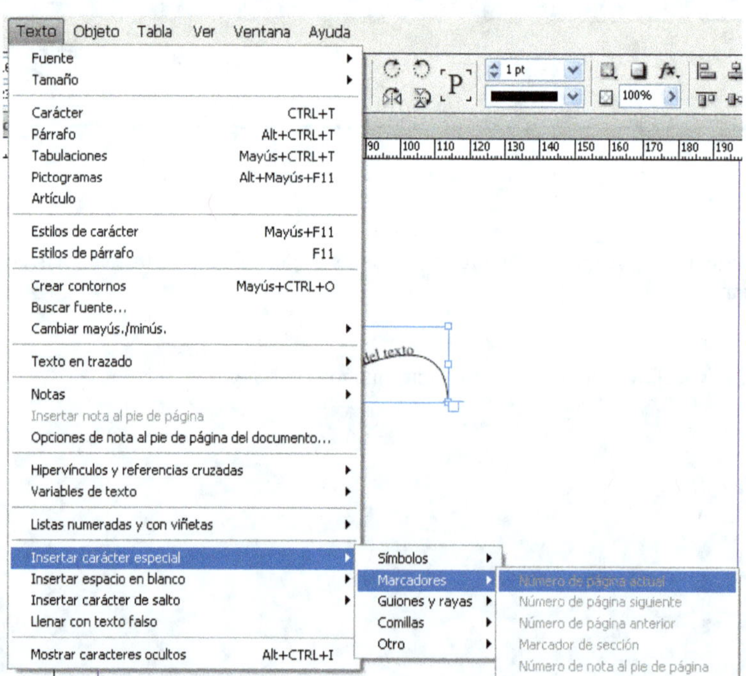

Francisco Javier Fernández Martín

Para conseguir esto, deberemos ir a la zona de páginas, en las páginas maestras, introduciremos el número de página actual.

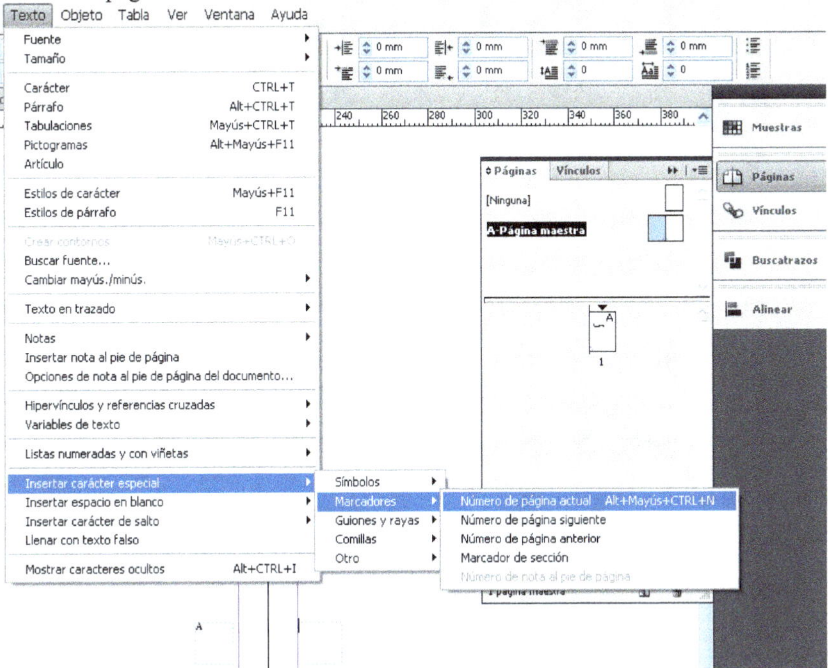

Ahora creamos páginas y vemos como se irán numerando…

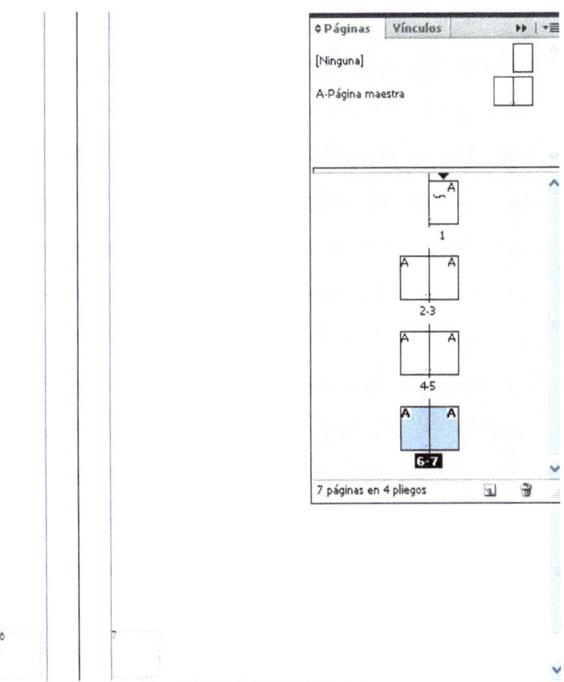

Esta es la forma de enumerar páginas.

Francisco Javier Fernández Martín

** Aquí es donde entra el juego el cambio de opciones de numeración:

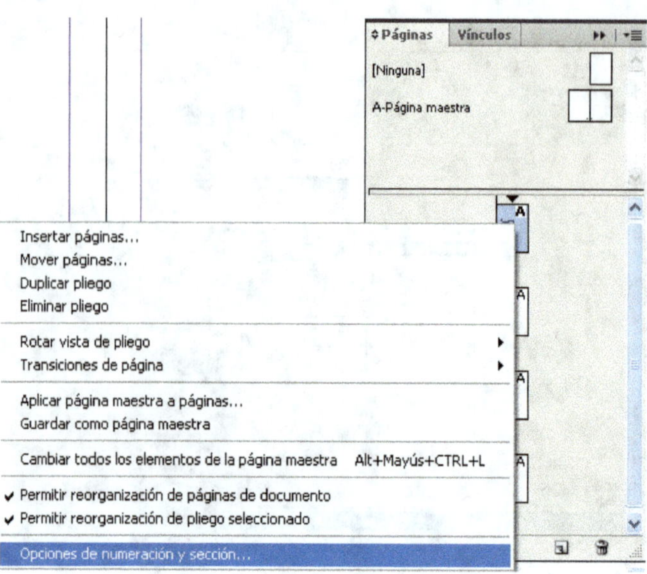

Esto sirve para cambiar el número de la página.

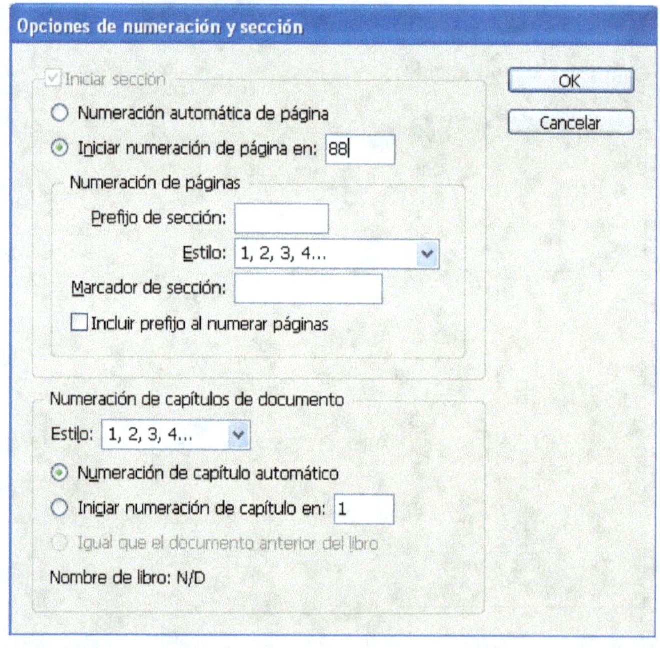

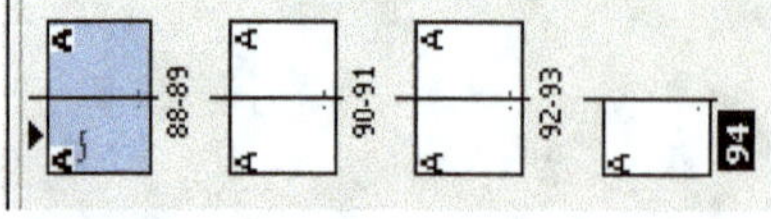

Ahora tendríamos las páginas numeradas desde el número 88.

Y si quisiéramos que tuviera un prefijo:

Francisco Javier Fernández Martín

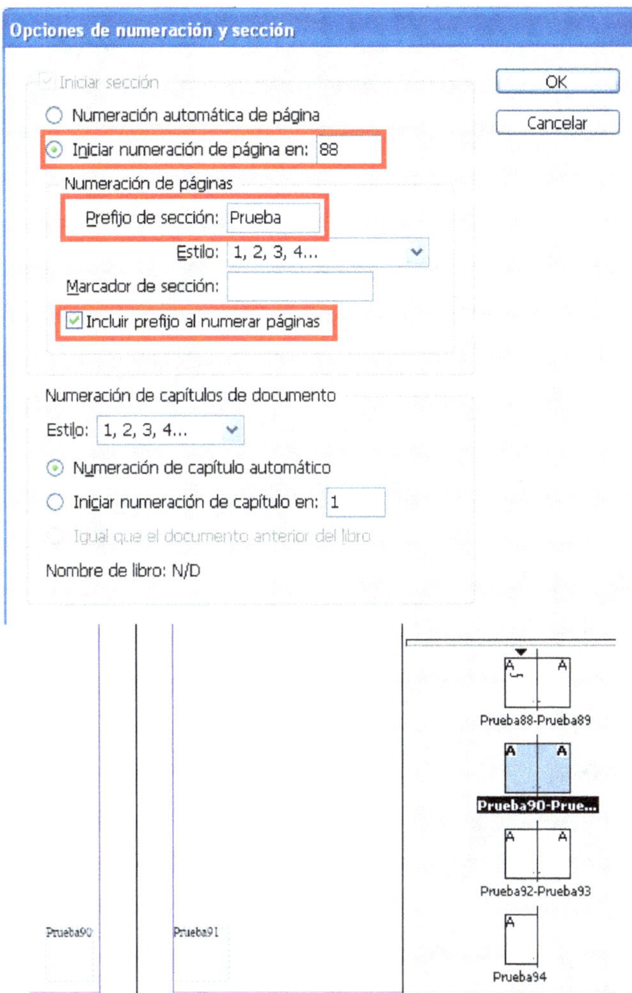

Mostrar caracteres ocultos: muestra los saltos de página, retornos de carro…etc

1.4.- Imágenes.

La forma de introducir imágenes es:

Crearemos una caja de imagen

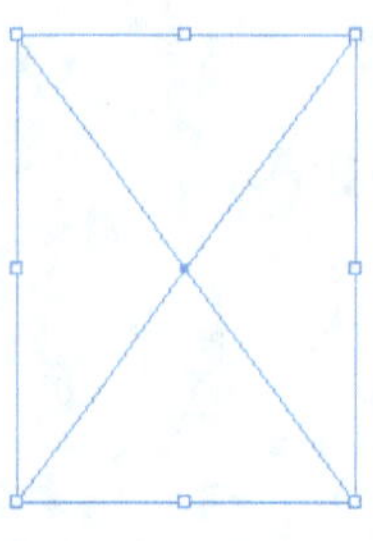

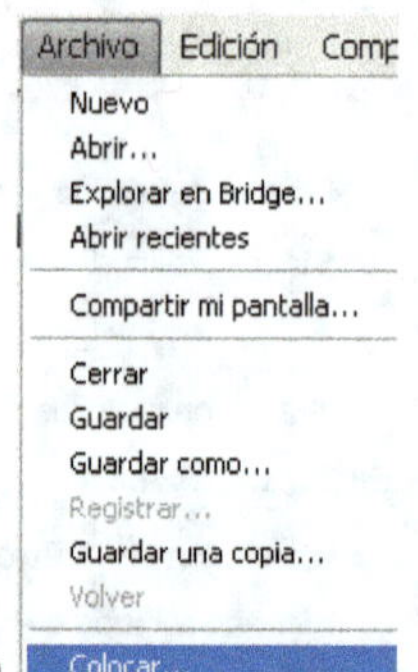

Y a continuación

O bien, directamente

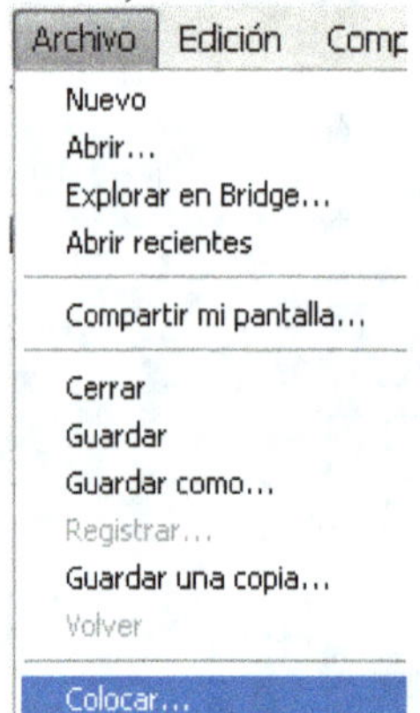

Ahora hacemos clic en cualquier parte del documento.

Una vez introducida la imagen, tendremos unos botones básicos para ajustar la imagen:

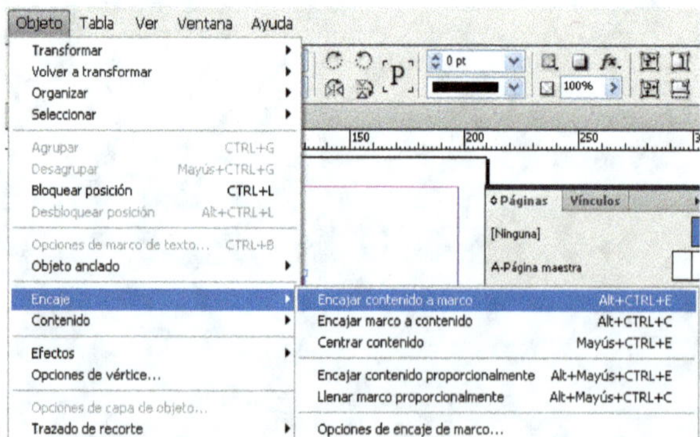

O en:

Para escalar una imagen, hay varias formas, la primera es con la herramienta de subselección.

(esta herramienta escala la imagen), con la de selección escalas el rectángulo que enmascara a la imagen.

Francisco Javier Fernández Martín

O bien, puedes escalarla con un porcentaje:

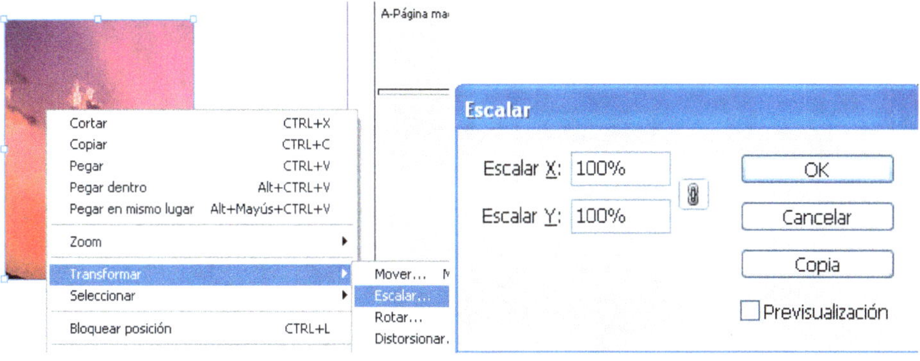

Supongamos que queremos colocar una imagen entre 2 columnas:

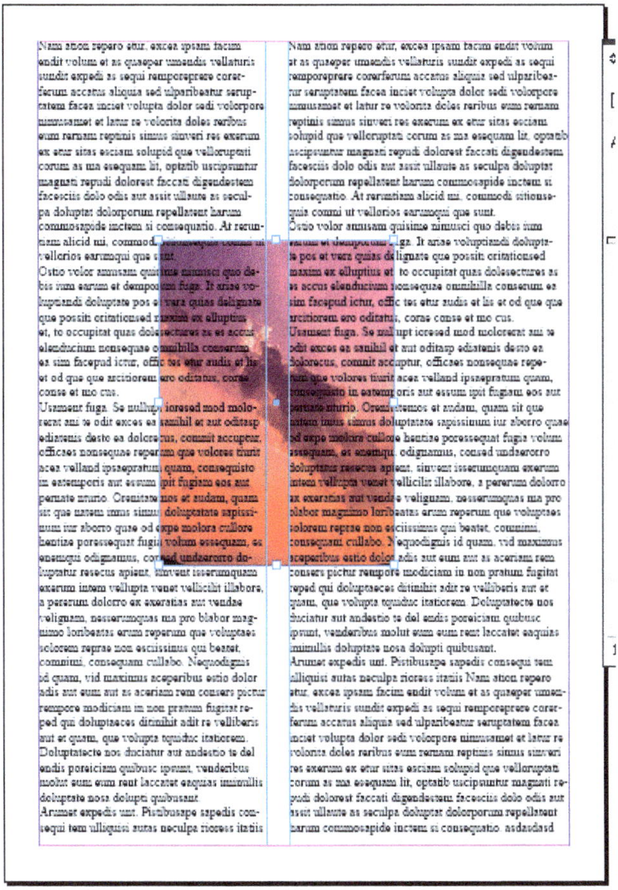

A continuación, sacaremos la ventana de ceñir textos:

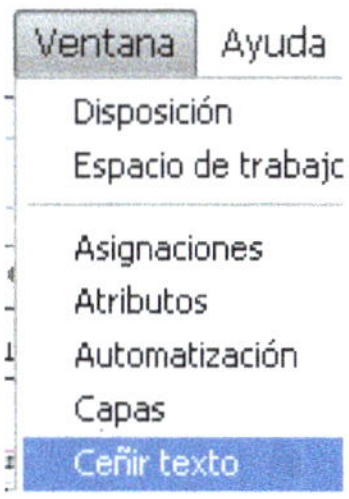

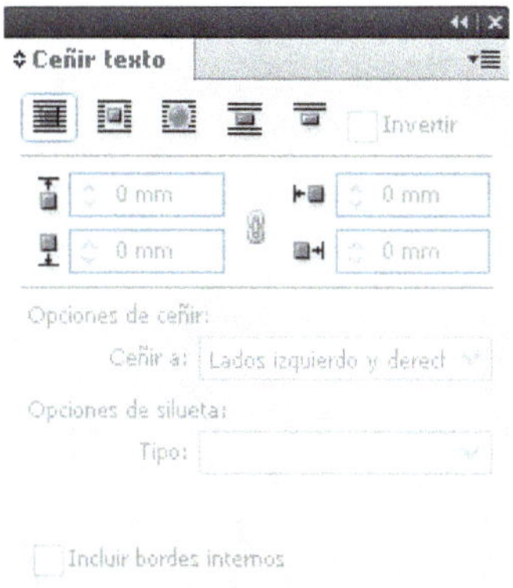

Canal alfa: canal transparente.

Francisco Javier Fernández Martín

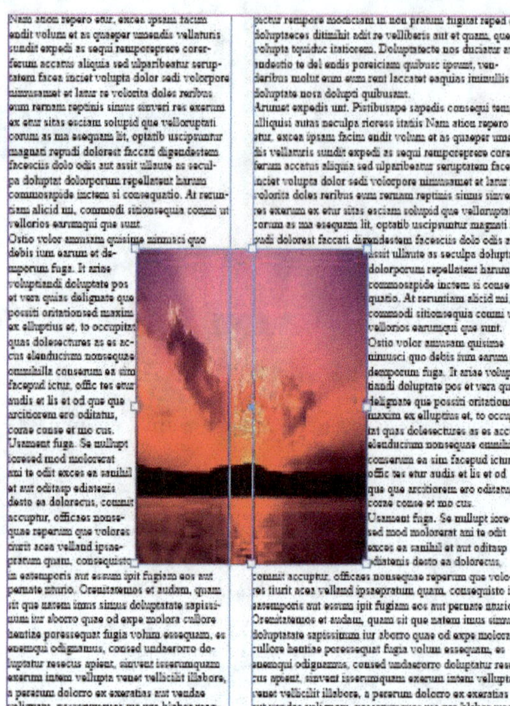

Esta es la forma más común de organizar imágenes en textos, sin embargo, puedes ir probando en la ventana de ceñir texto para ir organizan do la imagen.

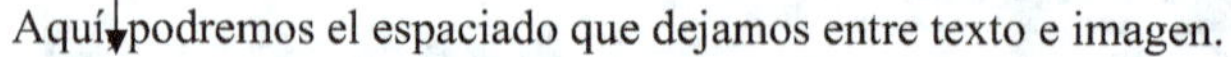

Aquí podremos el espaciado que dejamos entre texto e imagen.

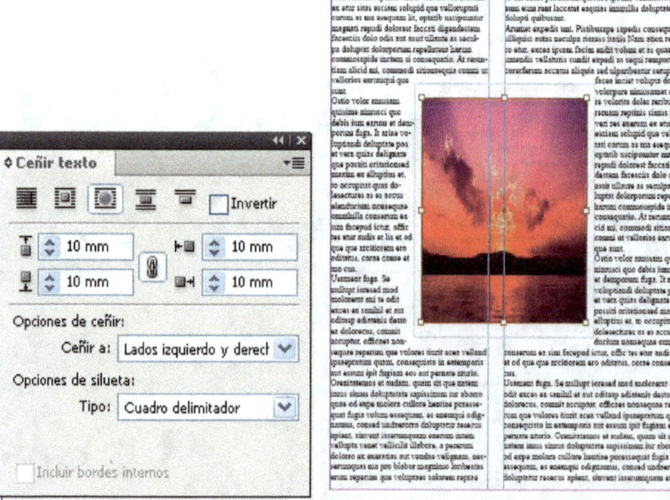

1.5.- Color.

De qué color es el fondo del rectángulo?

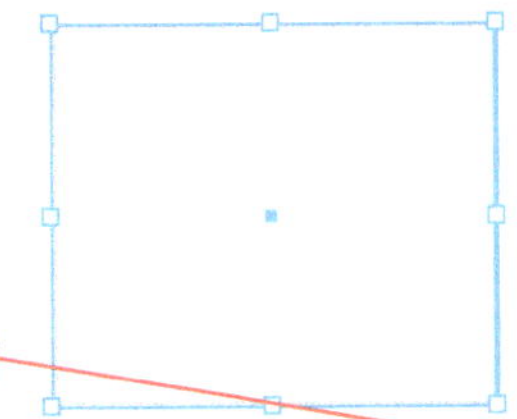

Transparente: como podemos observar el color de relleno es transparente.

¿Cómo hacemos para colorearlo?
Doble clic en cualquiera de los 2 colores.

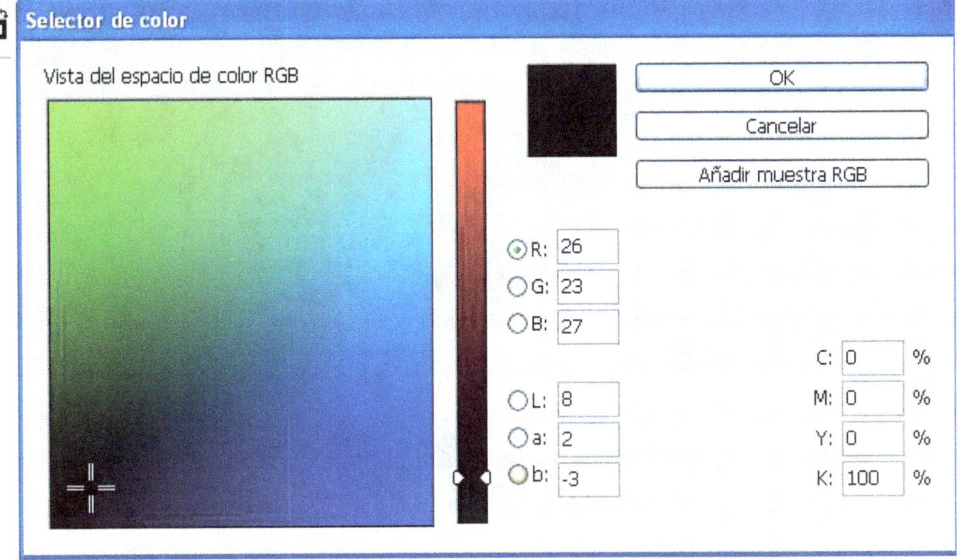

Una vez hecho, también podríamos colorearlo dándole a:

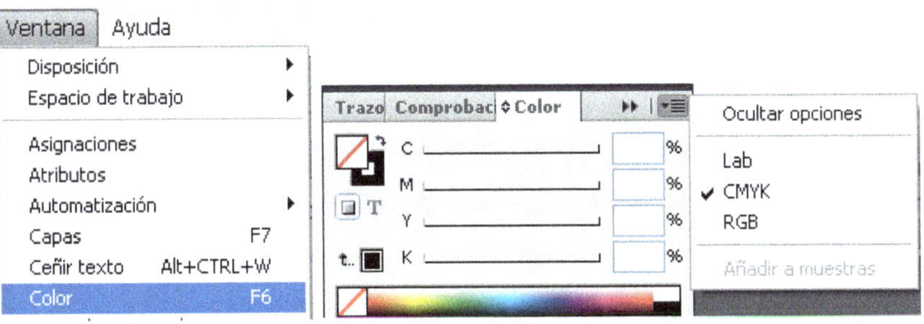

También podremos crear colores:

Francisco Javier Fernández Martín

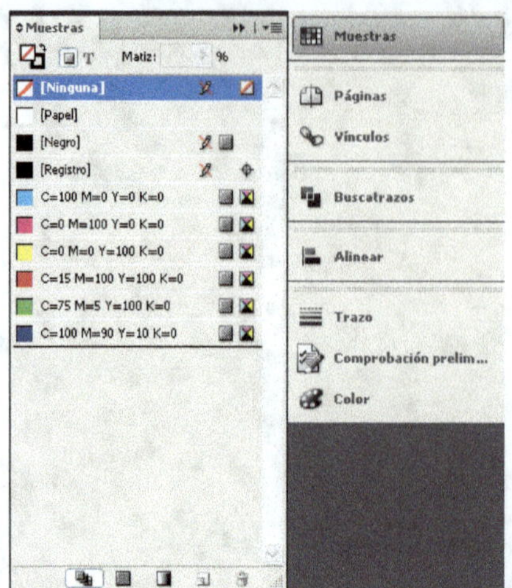

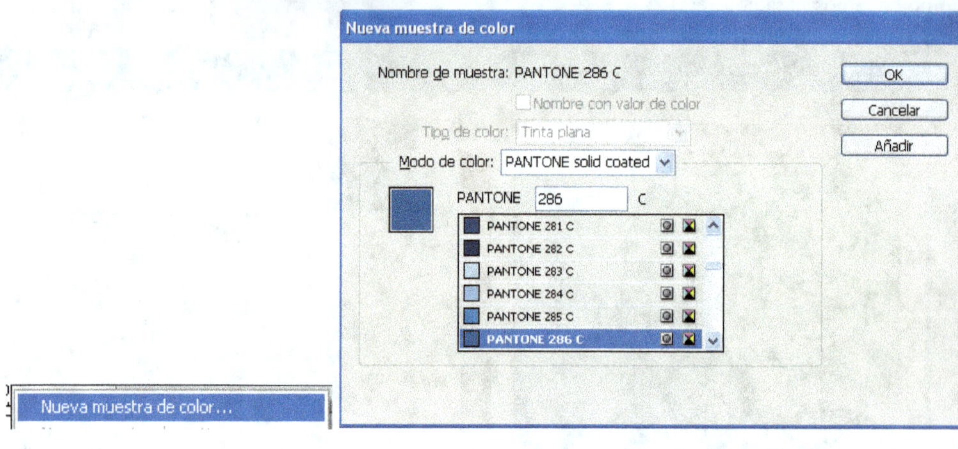

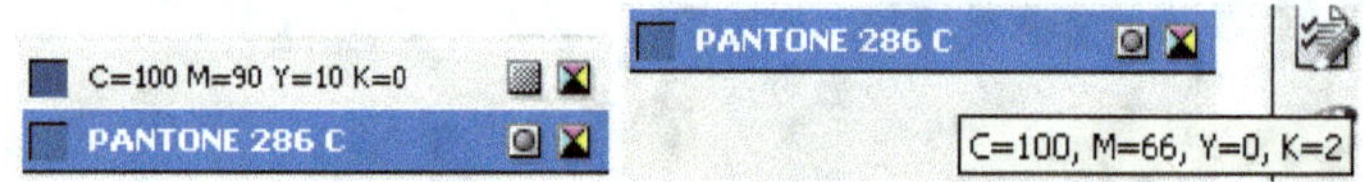

Lo normal esde usar la Solid coated(papel mate) o solid uncoated(papel brillo)
Para imprimir siempre hay que poner matiz.

También podremos crear muestras de tintas mixtas, es decir, juntar 2 tintas planas (deberemos haber creado una muestra de tinta plana).

CMYK = Cuatricomía.
PANTONES = Tintas planas/Colores directos.

Aplicando degradados:

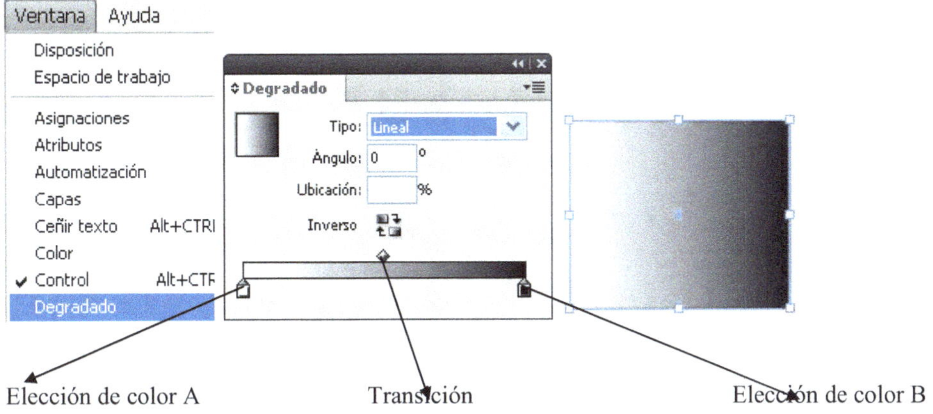

Elección de color A   Transición   Elección de color B

Para añadir elecciones de colores, simplemente pincharemos en la línea de degradado, justo entre las otras elecciones.

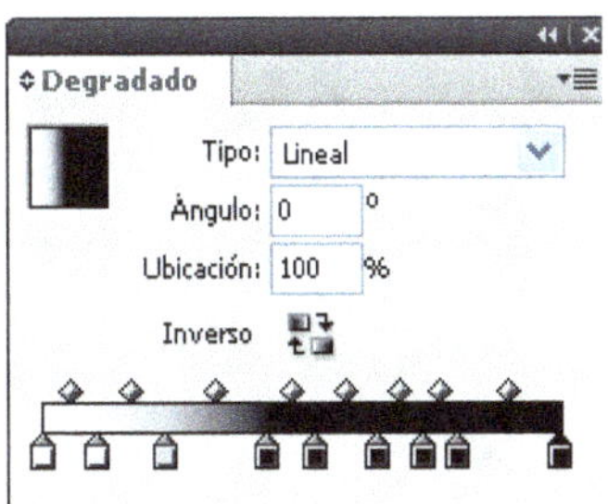

También tenemos una herramienta de desvanecer degradados:

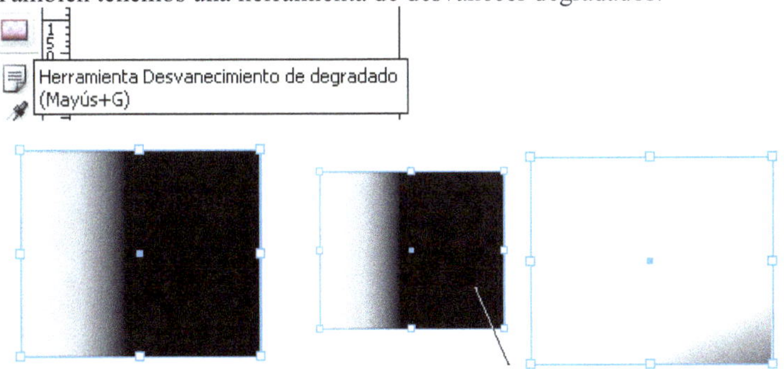

Si hacemos doble clic en la herramienta tendremos las propiedades de ésta:

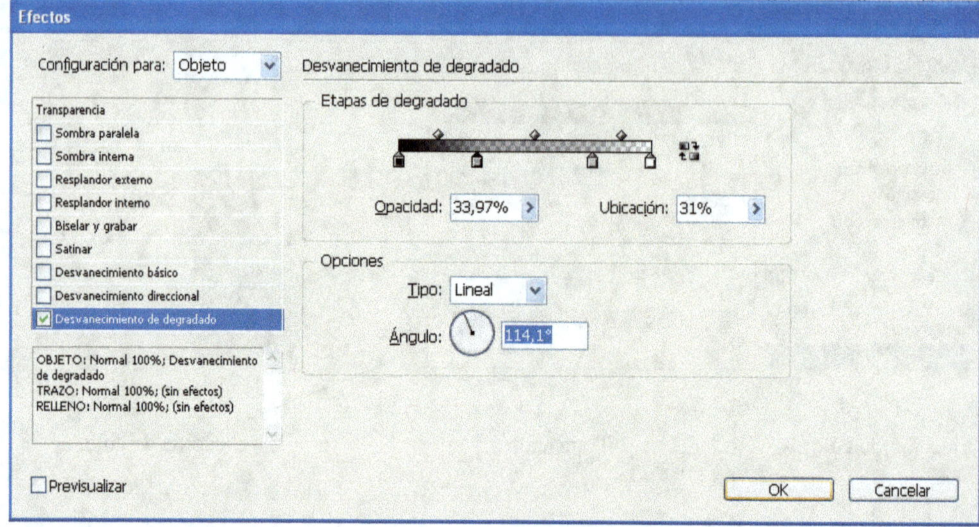

Es aconsejable no tocar esto, aunque si queréis probar…

LÁPIZ:

SUAVIZAR:

Suaviza las líneas que se han hecho con el lápiz.

Marco rectangular:

Puede usarse para meter imágenes, para poner texto o como rectángulo, se le aplica color, trazado…
Se le puede poner sombras, opacidad, matiz,
Extensión: transición entre el color y la sombra.
Ruido: posición de granulado en la figura.

La diferencia entre el matiz y la transparencia, es que con la transparencia se puede apreciar el objeto que esté debajo, con el matiz no.

1.6.- Lápiz.

Esta herramienta es igual a la de todos los programas:

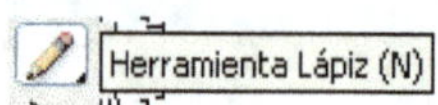

Una vez seleccionada la herramienta, bastará con hacer clic y sin soltar, ir arrastrando en el sentido y dirección que creamos conveniente.

Esta herramienta tiene propiedades, para acceder a ellas, deberemos dar doble clic encima del icono de lápiz :

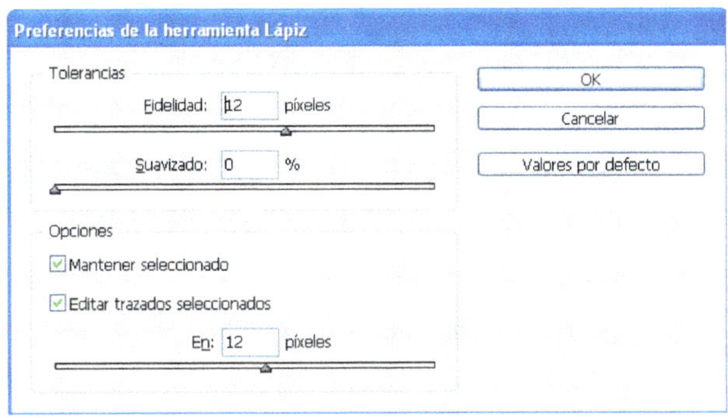

Una vez entremos en las opciones, podremos modificarlas a nuestro antojo.

1.7.- Suavizar.

Esta herramienta es utilizada para conseguir que, una vez hayamos pintado con el lápiz, el recorrido de éste quede más redondeado:

1.- Pintamos líneas lo más rectas posible con el lápiz:

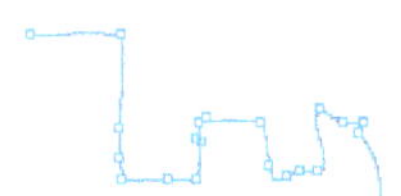

2.- Seleccionaremos la herramienta suavizar:

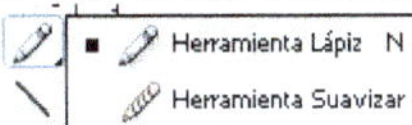

3.- Pasaremos la herramienta (haciendo clic y arrastrando), por una de las esquinas pronunciadas.

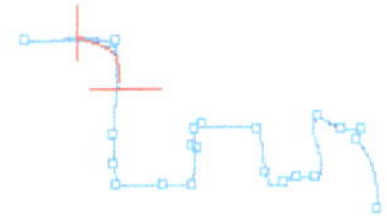

4.- Observamos el resultado:

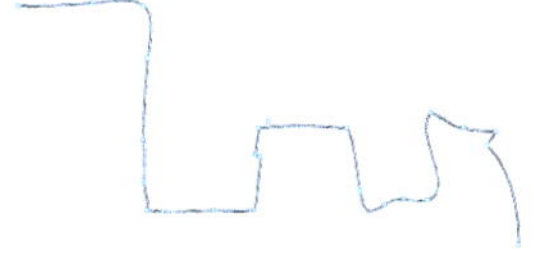

Francisco Javier Fernández Martín

1.8.- Borrador.

Esta herramienta borra un dibujo o partes de él. (Deberemos tenerlo seleccionado)

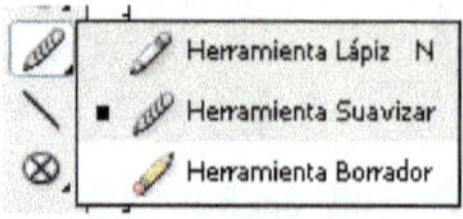

Su uso es muy simple, pinchar y arrastrar sobre la zona deseada:

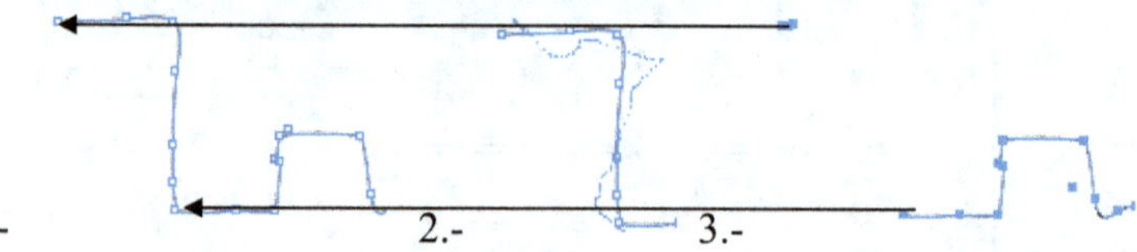

2.- Menú archivo.

2.1.- Menú nuevo.

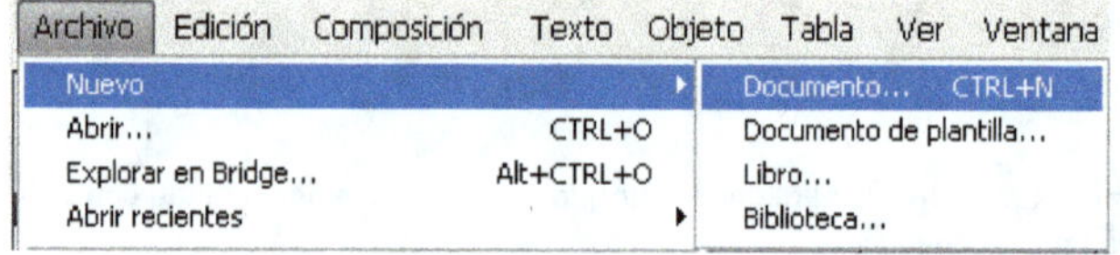

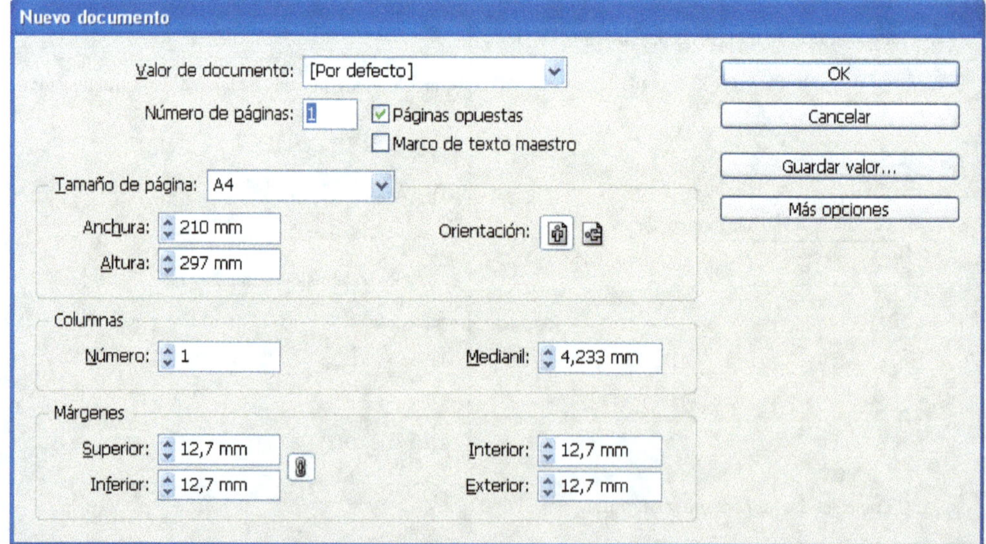

n la creación de la página podemos definir los márgenes, el medianil…etc.

parte de un simple documento, podremos crear una plantilla para diversos documentos, es decir, utilizar una isma base para los documentos que queramos, partiendo siempre de una base dibujada, de un texto…:

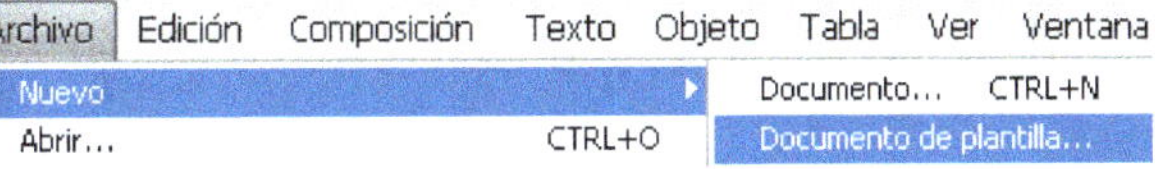

ambién tenemos la posibilidad de crear un libro (similar a Excel), en el cual iremos introduciendo los diversos ocumentos:

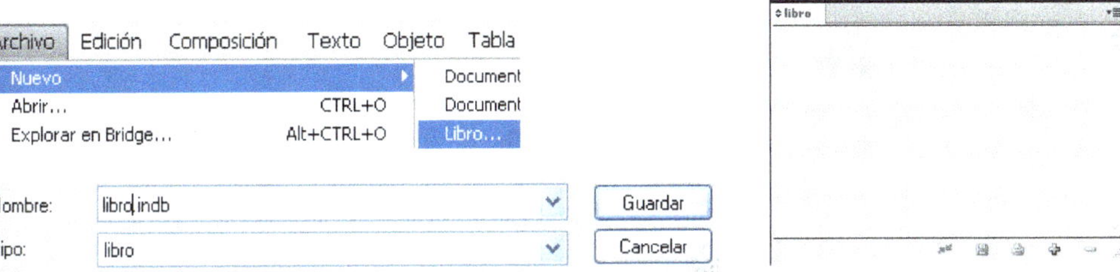

na vez demos a guardar, procederemos a crear un par de documentos, y veremos como agregarlos al libro:

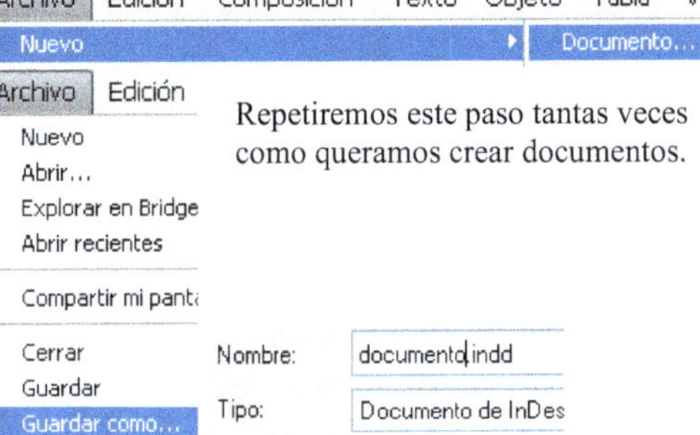

Repetiremos este paso tantas veces como queramos crear documentos.

na vez tengamos un par de documentos, iremos a la ventana que salió, llamada *libro*:

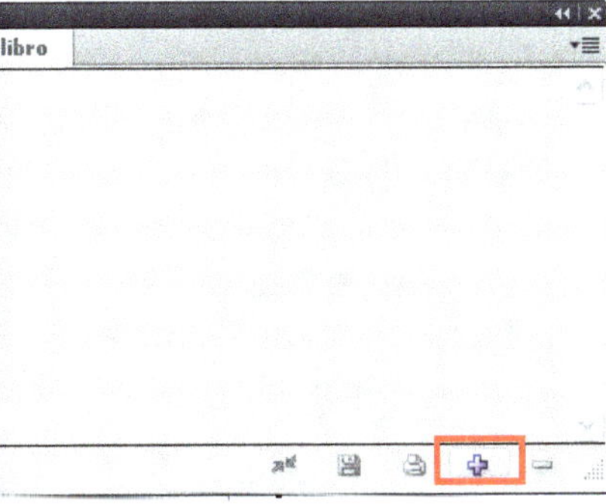

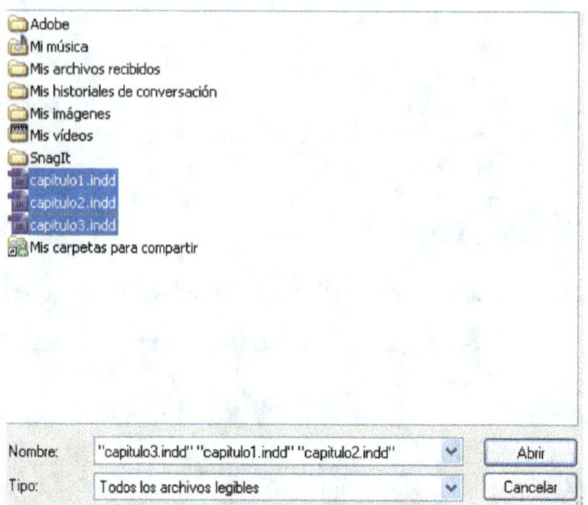

Con la tecla control o shift, seleccionaremos tantos "capítulos" (documentos simples) como queramos.

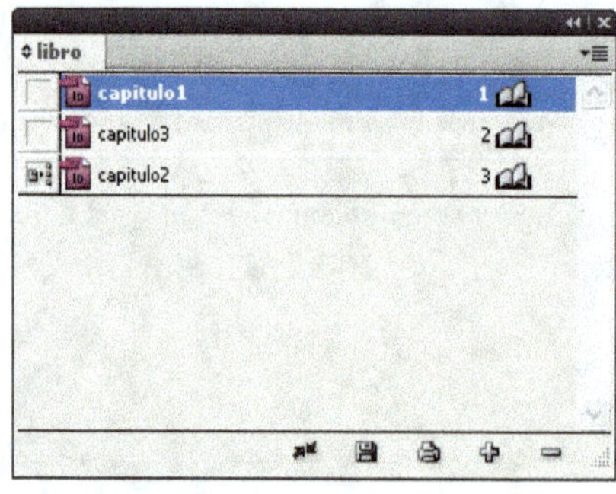

Haciendo doble clic, accederemos a cada capítulo (documento) para poder editarlo.

Herramientas de izquierda a derecha:
Sincronizar estilos: consigue que todos los capítulos tengan el mismo estilo.
Guardar libro: guarda el libro.
Imprimir libro: imprime el libro.
+: Añade capítulos (documentos)
-: elimina capítulos (documentos).

También podemos crear bibliotecas, iremos añadiendo objetos, textos etc. Simplemente seleccionaremos e iremos dando al +.

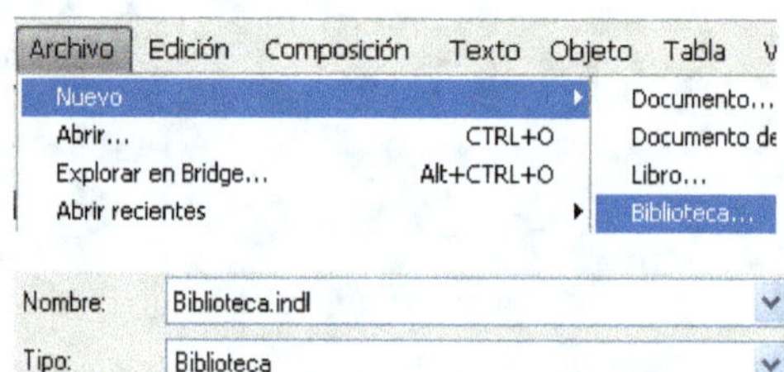

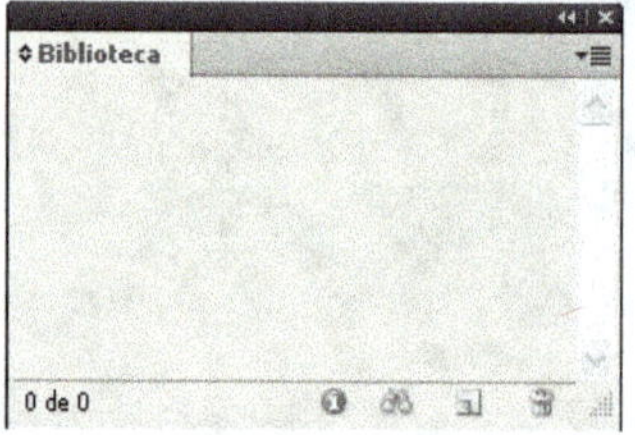

A continuación, creamos un rectángulo, y lo agregamos a la biblioteca:

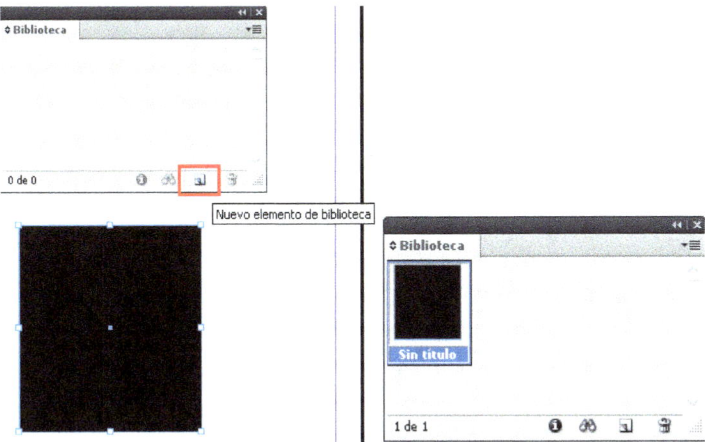

Ya tenemos nuestro primer elemento en la biblioteca… esto es similar a las muestras, colores…

2.2.- Información del archivo.

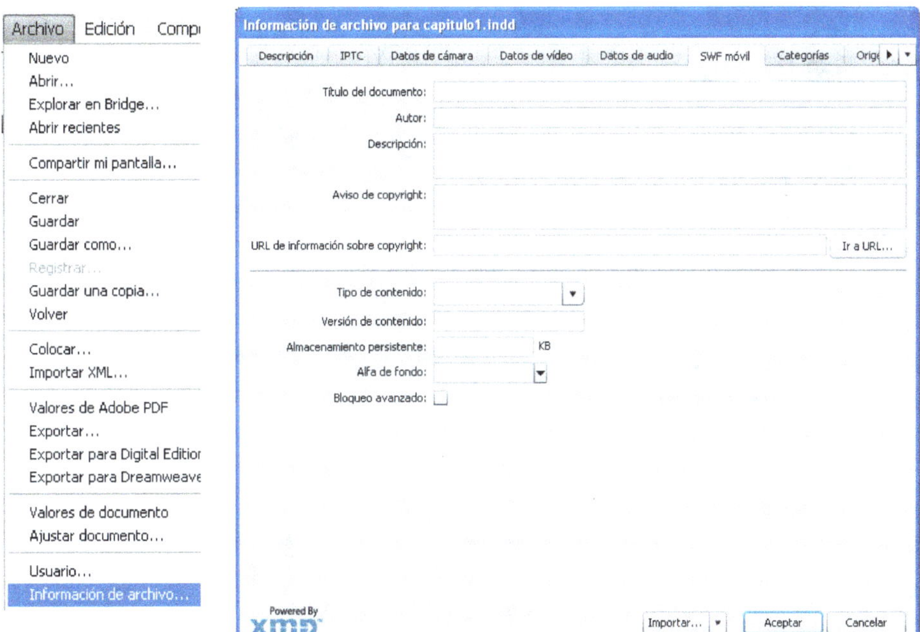

2.3.- Empaquetar.

Guardar un documento para imprimir, es decir, todo lo que tiene, fotos, fuentes, archivos enlazados… Esto es útil si no has llevado un orden.

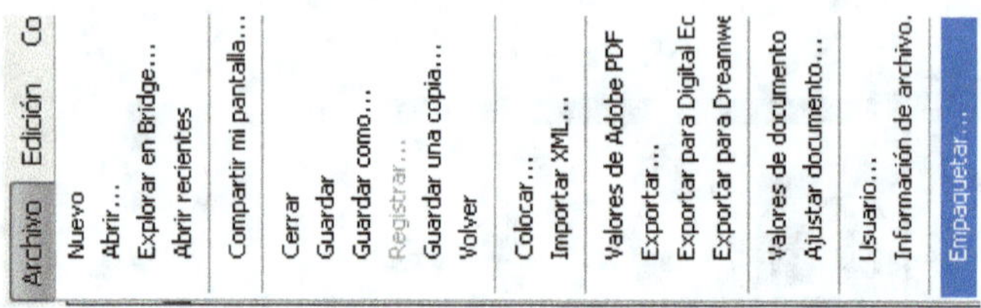

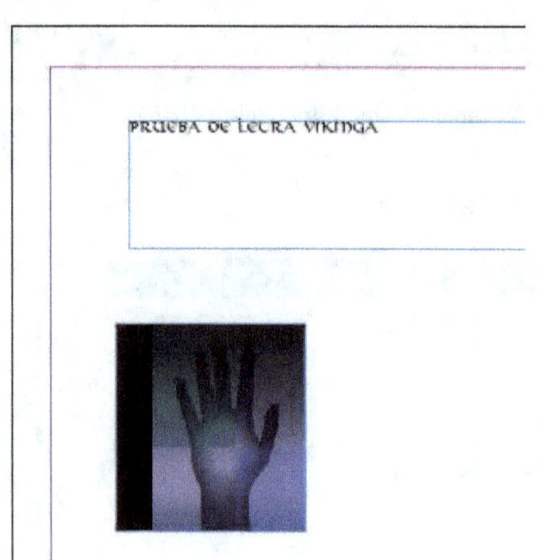

Supongamos que tenemos un documento similar a este, con distintas tipografías e imágenes sin incrustar.

Lo que conseguimos es juntar todo lo que tenemos para no tener programas, debemos tener en cuenta que no es 100% fiable, sin embargo puede ser bastante útil.

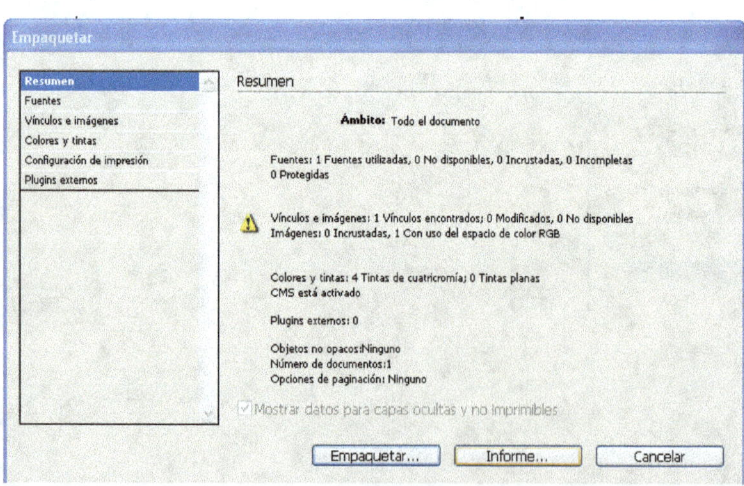

Una vez revisemos que todo es correcto, y que hay tantas imágenes vinculadas como imágenes tenemos en el documento, daremos a Empaquetar... .

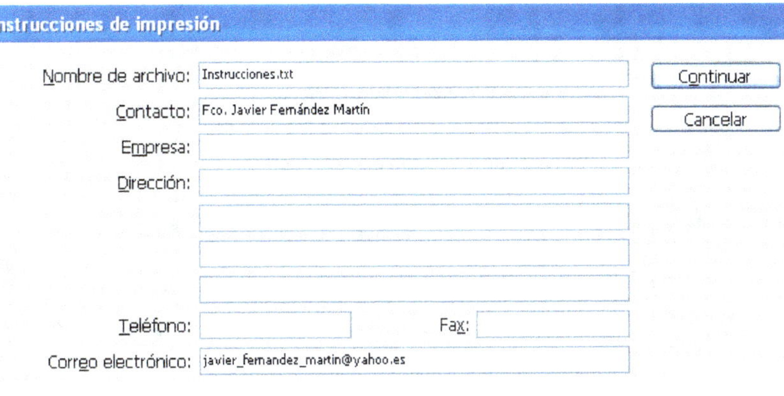

Rellenaremos los campos que creamos convenientes.

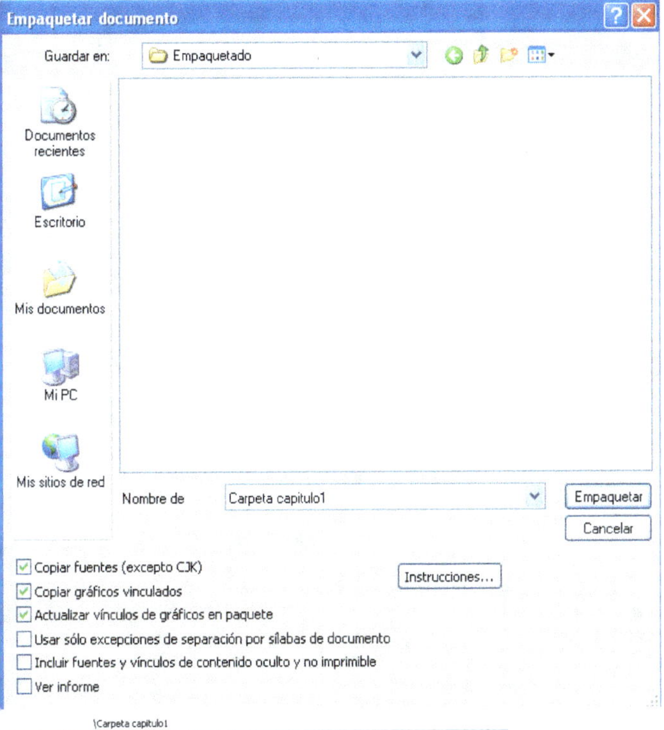

Observamos el resultado:

Hemos conseguido copiar, tanto fuentes como imágenes.
En el archivo instrucciones tenemos las características de todo nuestro documento.

2.4.- Imprimir.

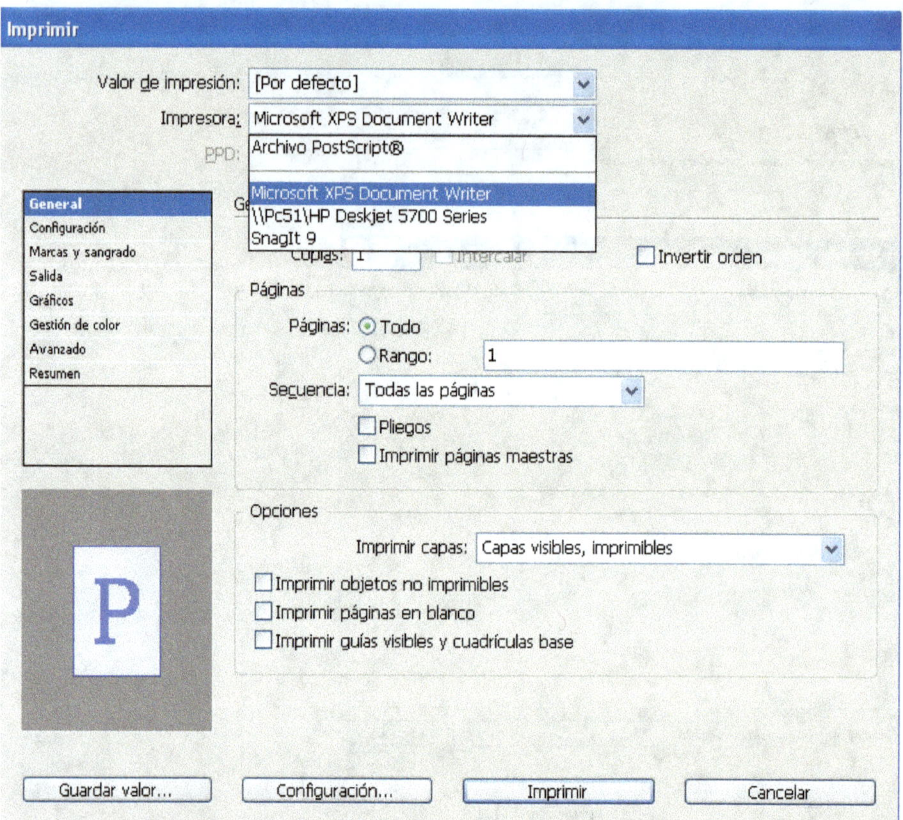

Podemos imprimir en postscript y en PDF, además de en impresora digital.

Seleccionaremos la impresora que deseemos y daremos a imprimir, si imprimimos en postscript, creará un archivo, el cual enviaremos a la imprenta.

3.- Menú Ventana.

3.1.- Menú Páginas.

n la ventana de páginas, podremos definir las plantillas para cada página, y las páginas que tendrá el documento, odremos ir agregándole más o menos páginas a nuestro proyecto.

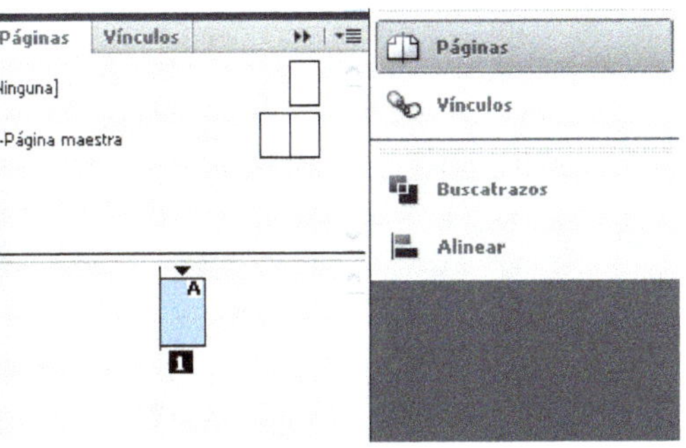

En la parte superior se muestran las páginas maestras (plantillas de cada página), y en la parte inferior las páginas que tendrá el documento.

ara agregar hojas maestras a nuestro documento:

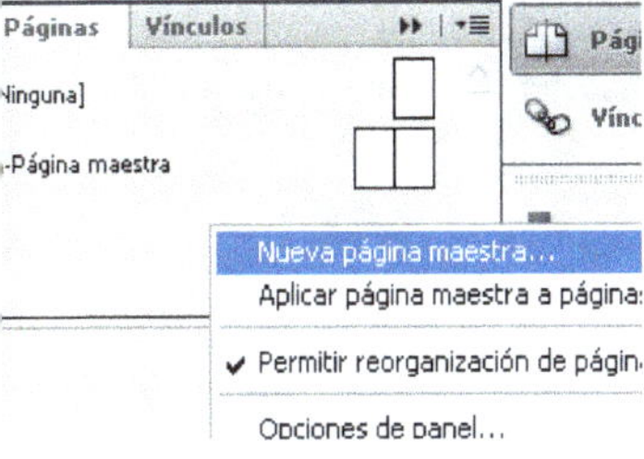

Una vez demos aquí, nos saldrá la siguiente ventana:

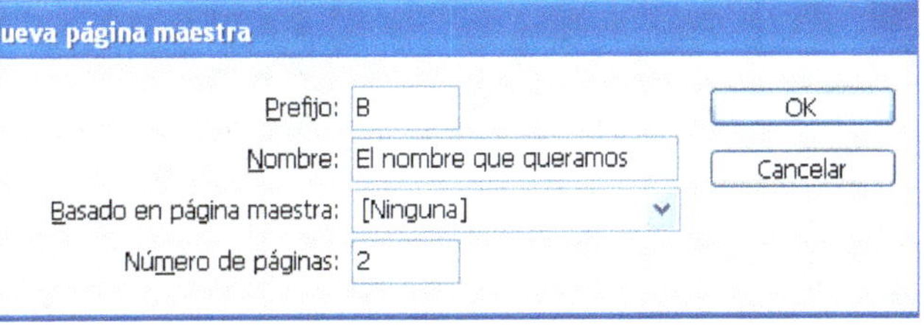

quí deberemos poner el nombre para la página maestras, y si queremos podremos darle un prefijo…

na vez entendido qué significan las páginas maestras, entraremos en las páginas del proyecto, en las cuales odremos aplicarles cualquiera de las páginas maestras:

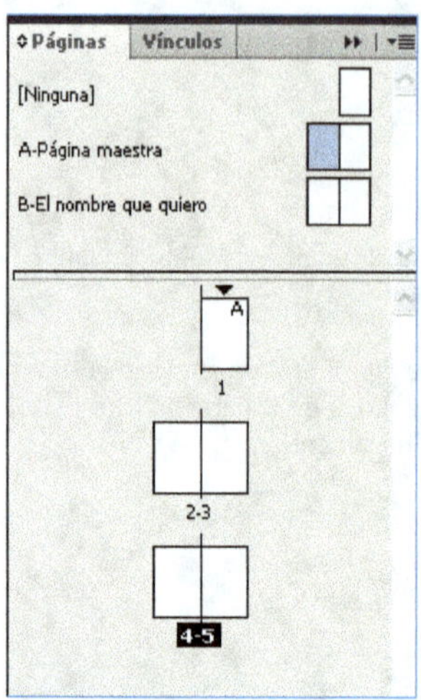

Una vez creadas las páginas que deseemos, deremos pinchar en una página maestra, arrastrar y soltar encima de la página de nuestro proyecto.

Las páginas maestras se pueden editar, es tan sencillo como hacer doble clic encima de la que queramos modificar.

Tengamos en cuenta que si modificamos una página maestra, afectará a las que estén vinculadas a ésta.

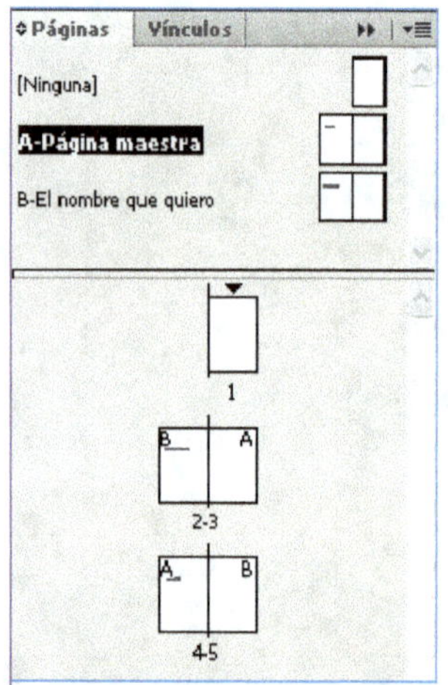

Como podemos observar, ahora se muestran superíndices en cada página, esto significa que están vinculadas a una página maestra, podremos cambiarlas y desvincularlas (botón derecho en la página / desvincular)

Las páginas maestras son como las páginas plantilla:
En ellas pondré lo que queramos en todas las hojas.

Ventana / página:

organización de las páginas.

3.2.- Trazo

Esta ventana puede sacarse pulsando F10, también podemos encontrarla en la parte superior, siempre que tengamos seleccionada la herramienta pluma:

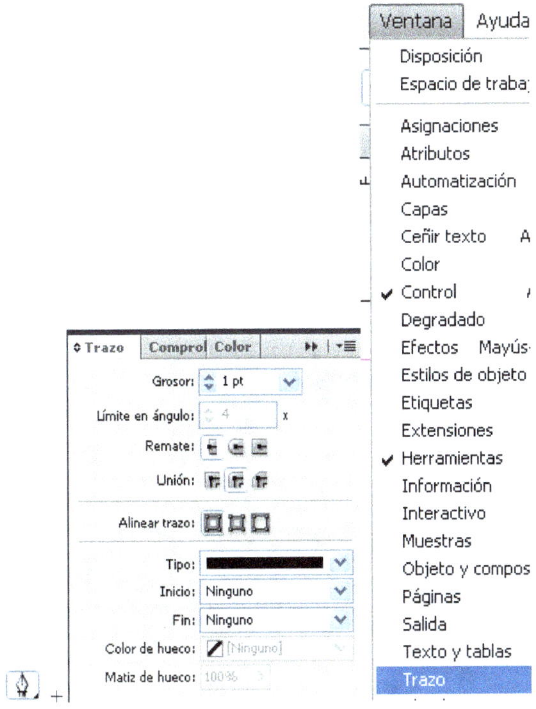

3.3.- Vínculos.

La opción de vínculo la encontramos en el menú ventana:
Para mostrar vínculos, deberemos tener imágenes dentro del documento:

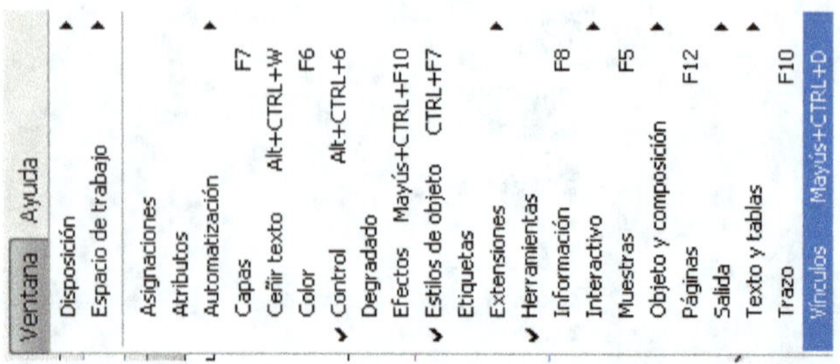

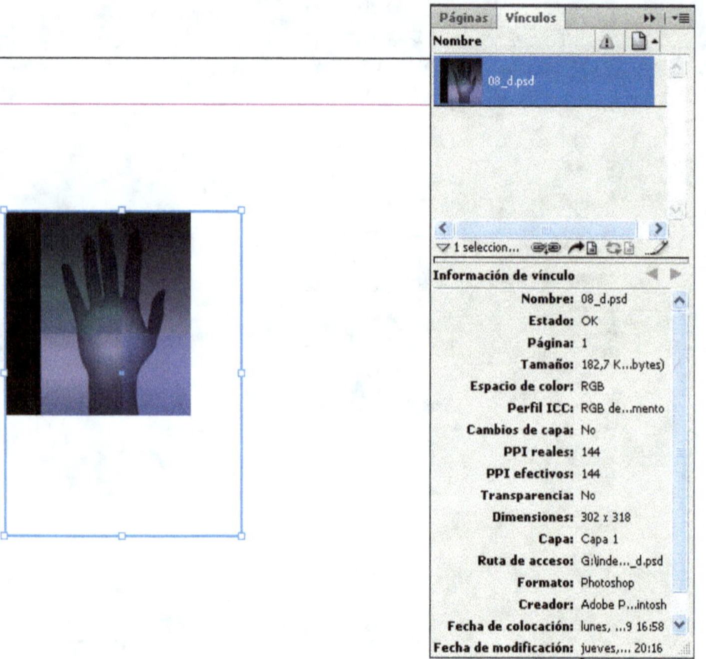

Como podemos observar, esta ventana nos da la posibilidad de conocer toda la información de la imagen enlazada, el tipo de color de la imagen, la ruta de acceso (la cual es importante por si no encontramos una imagen) etc.

3.4.- Ceñir texto.

Esta opción sirve para organizar el texto dentro de un documento, para distribuirlo entre columnas o para ponerlo alrededor de imágenes:

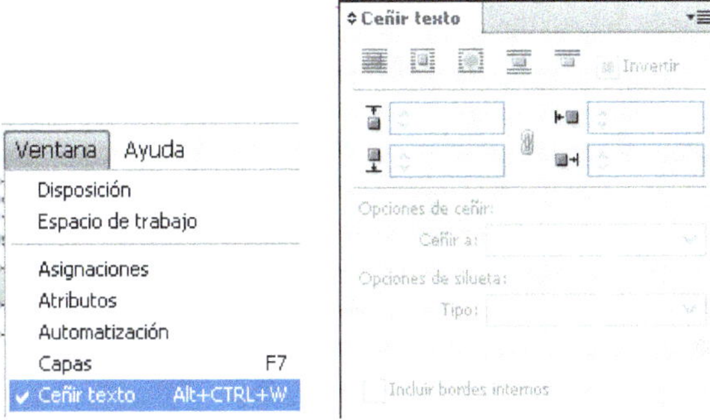

Una vez aquí, mostraremos un ejemplo:

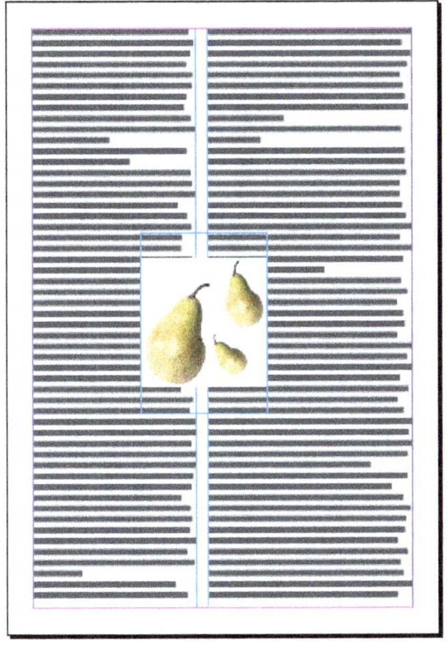

Supongamos que queremos que la imagen quede centrada entre ambas columnas y que haya un espaciado entre la imagen y el texto de ambas columnas.

Para ello:

1.- Seleccionaremos las cajas de texto y la de la imagen.
2.- Iremos probando en la colocación de la imagen entre estas opciones:

Lo normal es elegir la 2ª o 3ª opción, quedando muestras redondeadas o cuadradas:

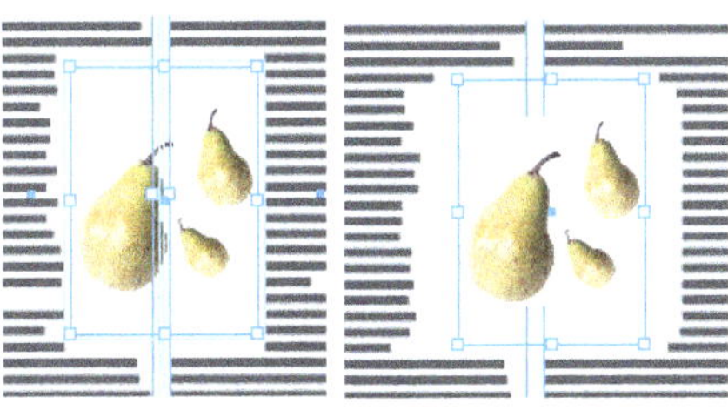

Esta herramienta no tiene mucho más, simplemente es ir probando para ver si nos gusta el resultado.

3.5.- Capas.

Las capas en Indesign, son similares a la de otros programas como Illustrator, podremos
- Crear capas nuevas.
- Duplicar capas.
- Ocultar capas.
- Bloquear capas.
- Opciones de capa.

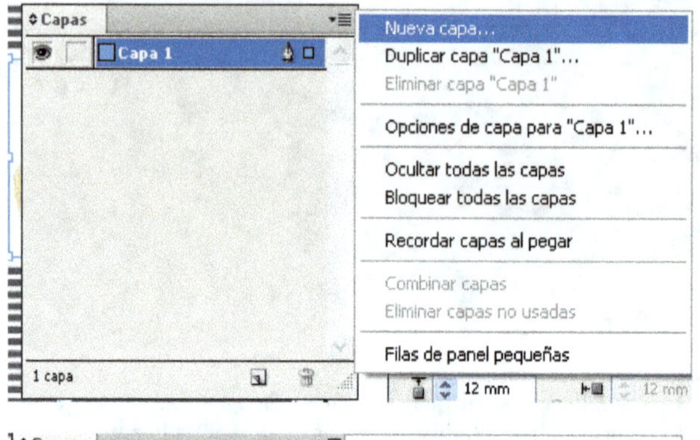

La creación de nuevas capas no es complejo, simplemente se le asigna un nombre y si queremos un color.

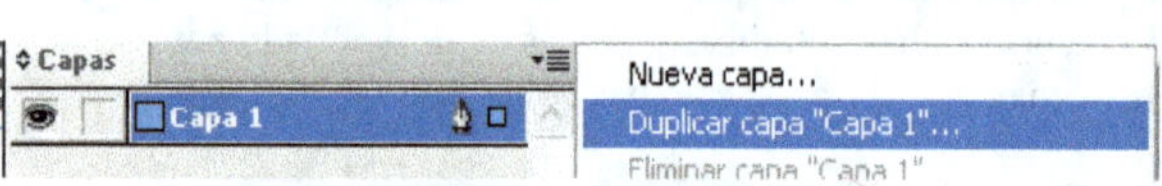

Conseguimos una copia exacta de la capa actual.

Opciones de capa:

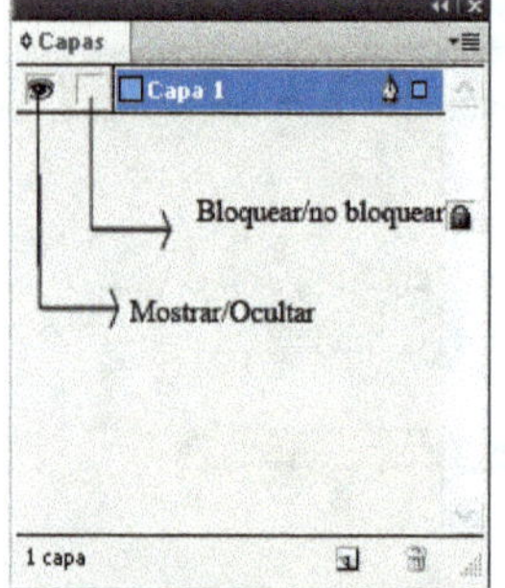

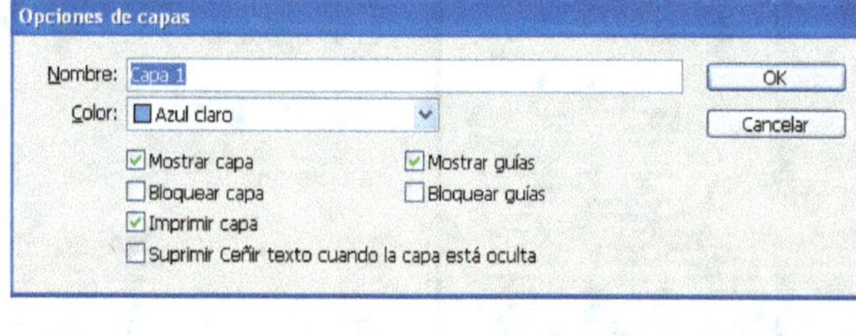

Suprimir ceñir texto cuando la capa esté oculta: el programa no distingue donde estará la capa, si marcas esta opción si que lo discrimina, normalmente, o se ciñe o no se ciñe, no suele darse el caso de que cada capa se ciña u otras no.

La forma de acoplar capas, sería seleccionando todo y arrastrándolo a una misma capa, aquí no existe el control + shift + E.

3.6.- Estilos de objetos.

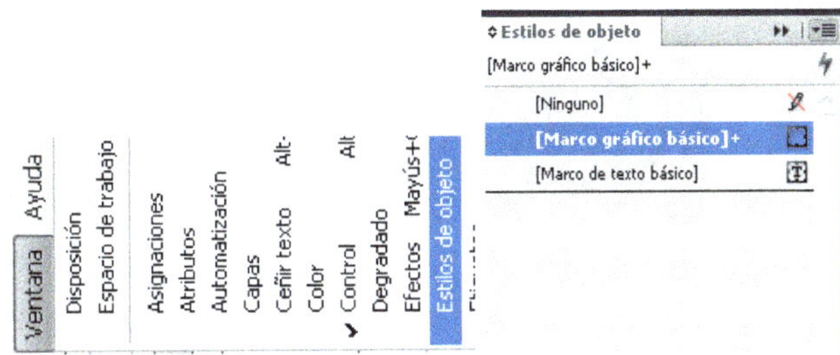

Una vez aquí, entraríamos en opciones de estilos:

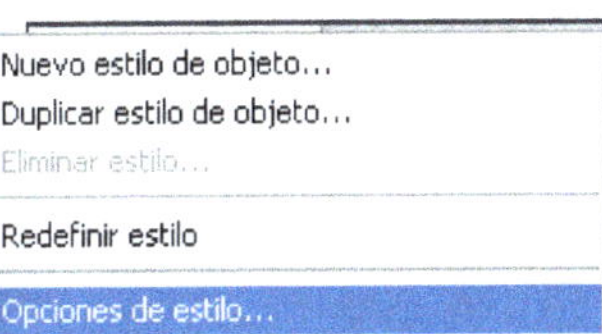

Crearemos nuevos objetos de estilo:

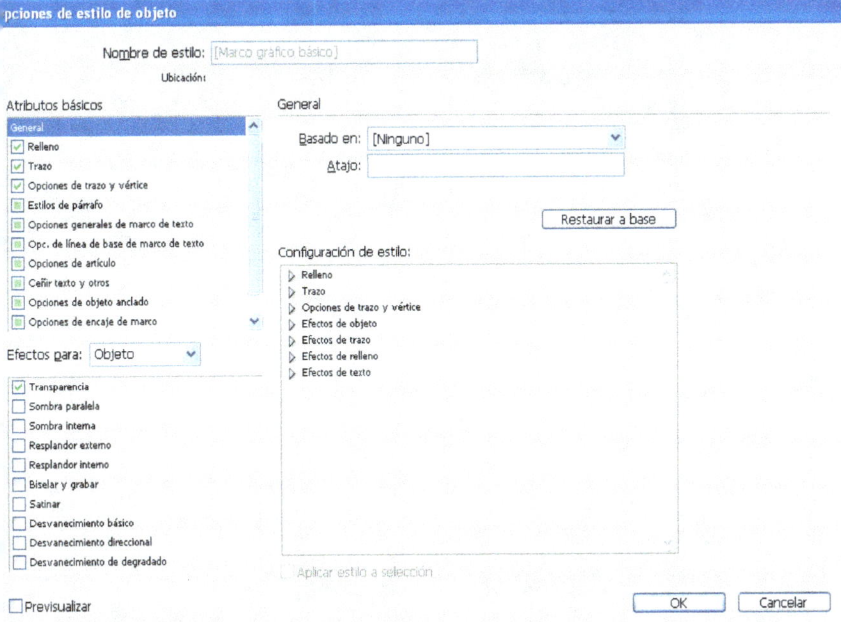

línea base: Línea del texto, si tenemos un cuadro de texto, en esta opción decidiremos si el texto se centrará al cuadro, si estará en la parte superior, inferior…

Opciones de artículo: Similar al espacio de antes y de después.

3.7.- Atributos.

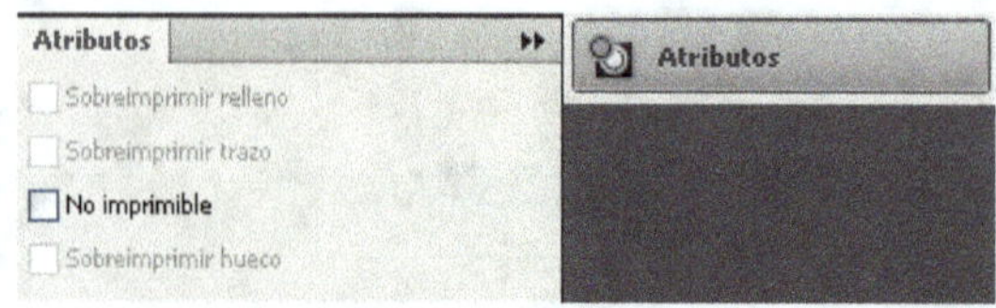

Esto es mejor no tocarlo, esta opción sirve para no imprimir.

Para imprimir por encima de lo que haya.

3.8.- Alinear.

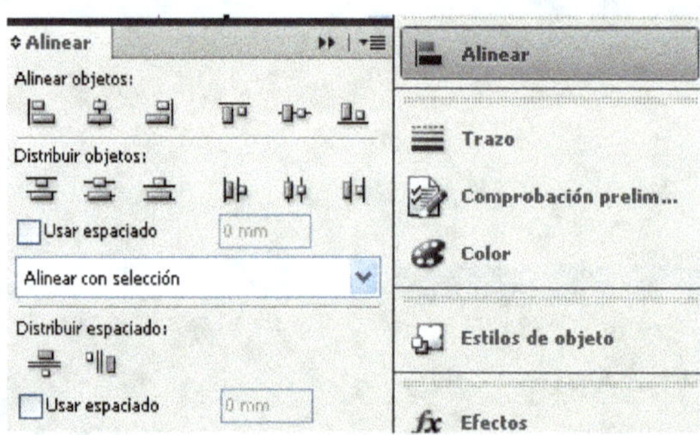

La diferencia sustancial de este programa con respecto a Illustrator y Photoshop es que puede alinear con los objetos seleccionados y con los márgenes, además permite darle un espaciado.

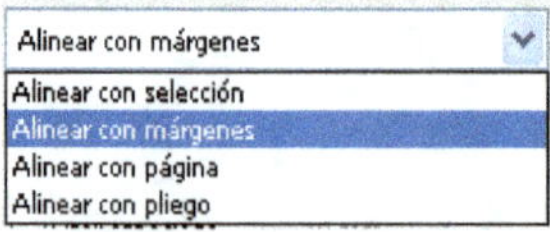

Para poder alinear, deberemos tener seleccionados los objetos que queramos alinear.

3.9.- Buscatrazos.

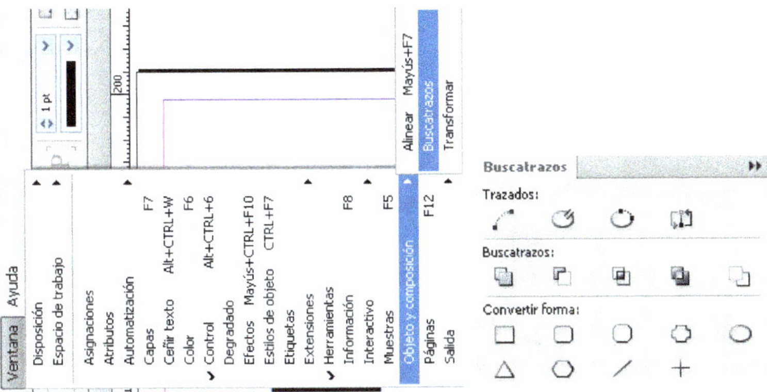

Veamos cómo queda cada opción:

<table>
<tr><th colspan="3">Trazados</th></tr>
<tr><td>Unir trazados.</td><td> 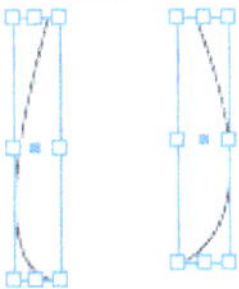</td><td> 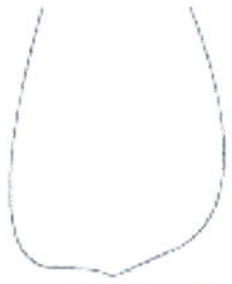</td></tr>
<tr><td>Abrir trazado.</td><td> 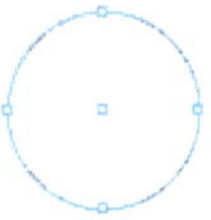</td><td> 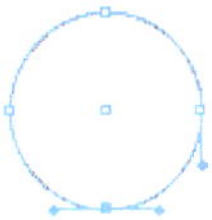</td></tr>
<tr><td>Cerrar trazado.</td><td> 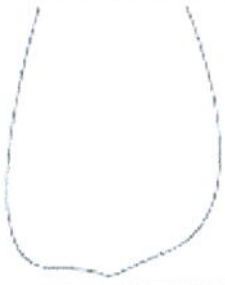</td><td> 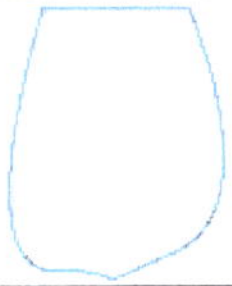</td></tr>
<tr><td>Cambiar trazado. (invierte el sentido de cierre.</td><td> 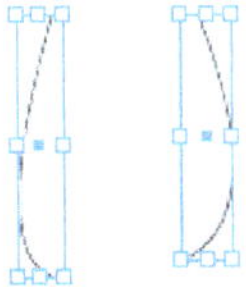</td><td>1 clic. 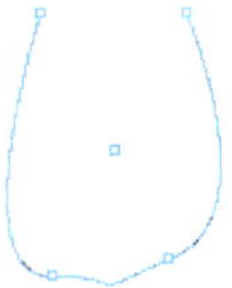

1 clic. 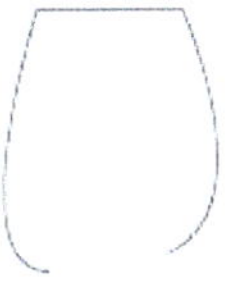</td></tr>
</table>

Buscatrazos.		
Añadir: Combina los objetos seleccionados en uno solo.	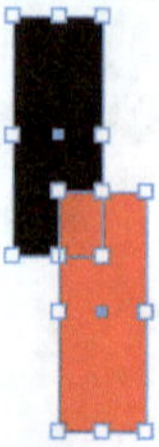	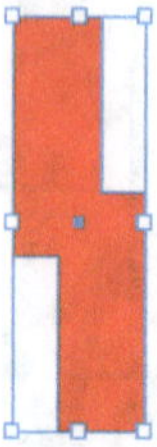
Restar: elimina los objetos más al frente con respecto a los del fondo.	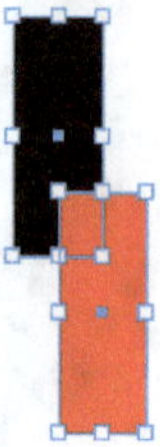	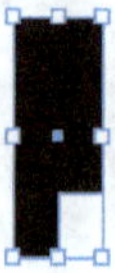
Formar intersección: Forma intersección con los objetos seleccionados.	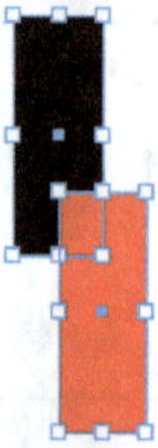	
Excluir superposición: excluye las áreas de las formas superpuestas.	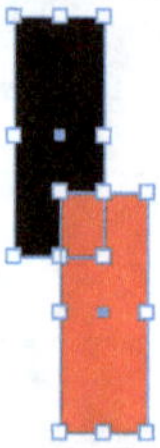	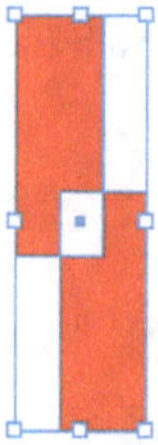
Menos fondo: Elimina los objetos situados más al fondo de los que están más al frente.	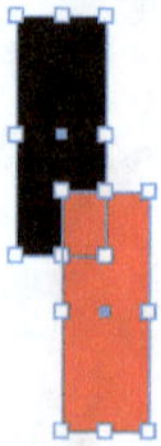	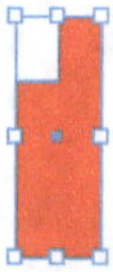
Convertir forma.		
Convertir en rectángulo.	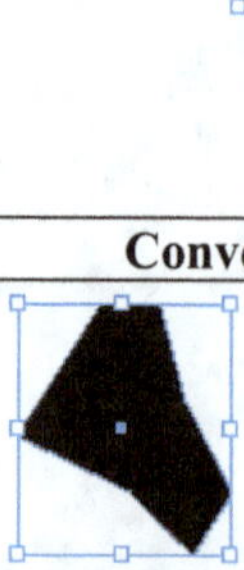	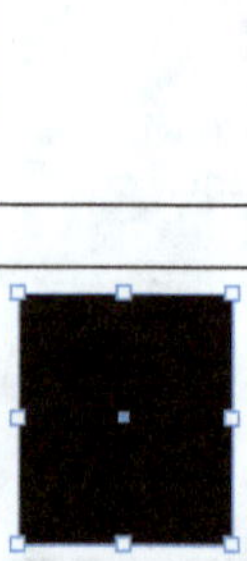

⬭ Convertir en rectángulo redondeado.	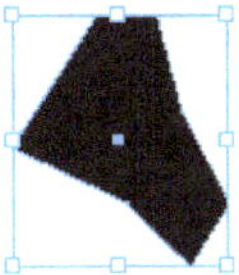	
⬡ Convertir en rectángulo biselado.	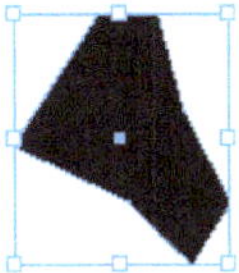	
⬭ Convertir en elipse.	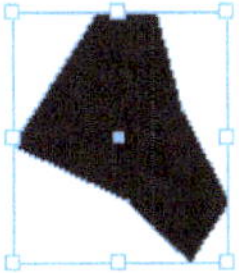	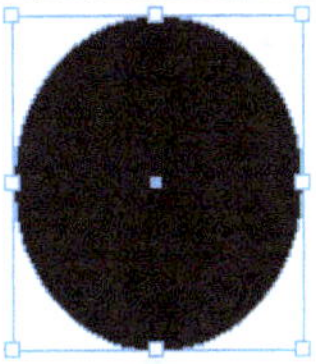
△ Convertir en polígono.	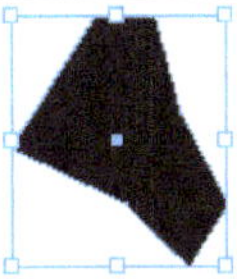	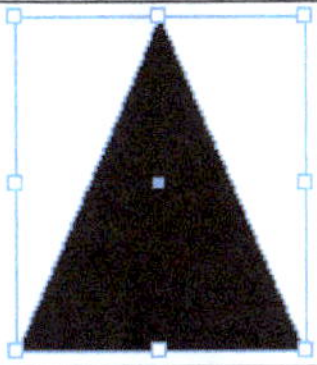
⬡ Convertir en polígono según la herramienta polígono.	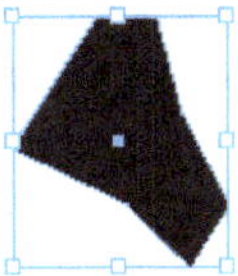	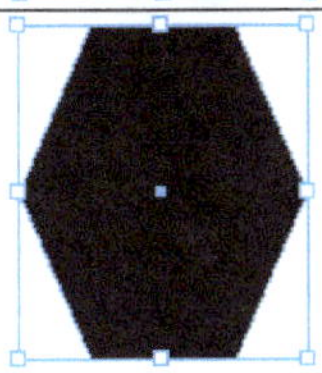
╱ Convertir en línea.	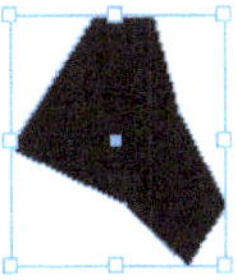	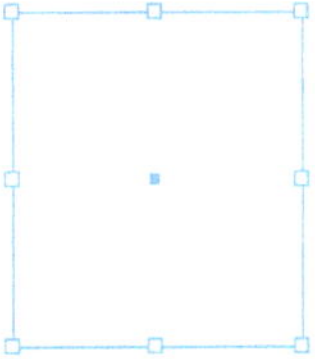
＋ Convertir en línea horizontal o vertical.	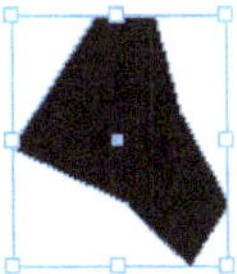	

3.10.- Botones.

Solo sirve si guardamos el archivo como SWF.

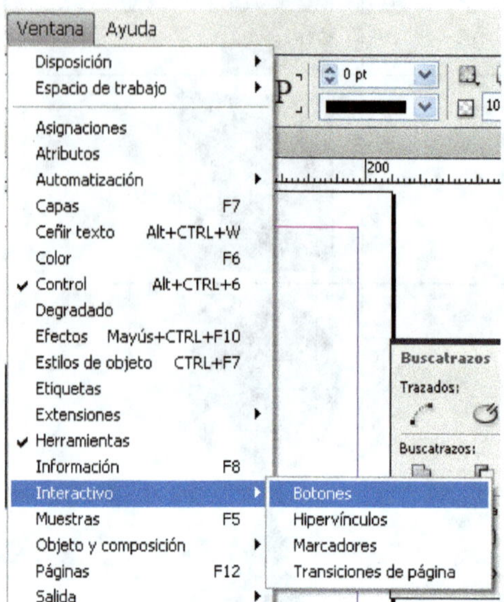

Deberemos crear un objeto (cuadrados, elipses, trazados cerrados…), y seleccionarlos.

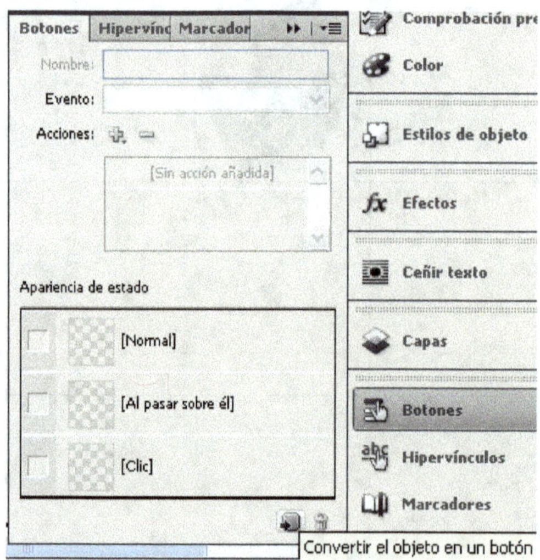

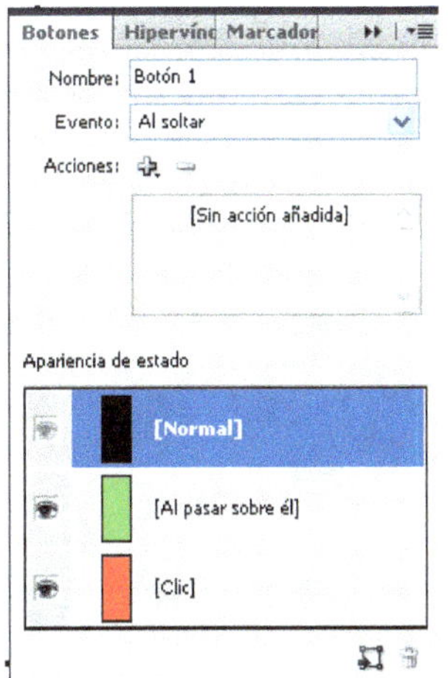

Para crear los botones con las distintas capas, deberemos seleccionar la capa deseada ([Normal] [Al pasar sobre él] [Clic]), una vez estemos en él, cambiaremos el color, o escribimos un texto… actúa más o menos como las capas.

Evento: Cuándo pasará la acción.

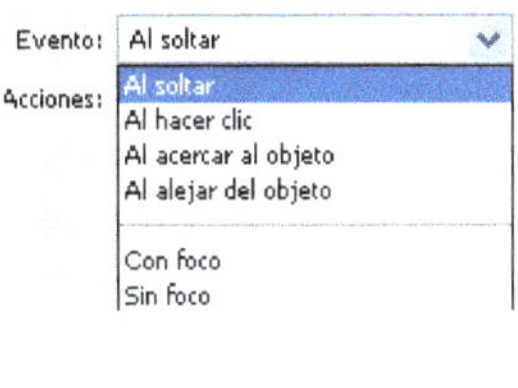

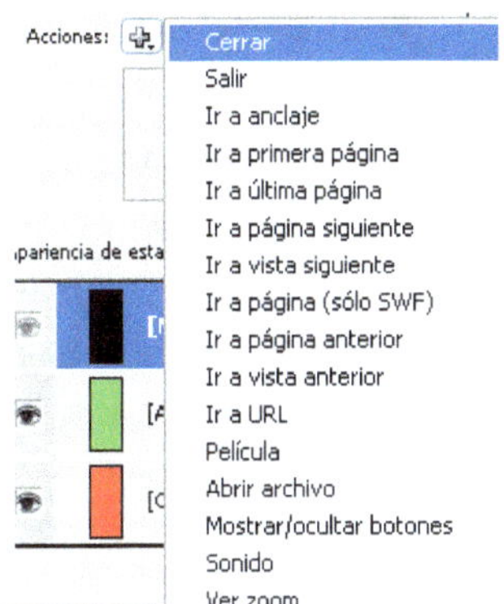

Acciones: Qué hará al hacer clic.

Si por ejemplo, seleccionamos ir a una URL:

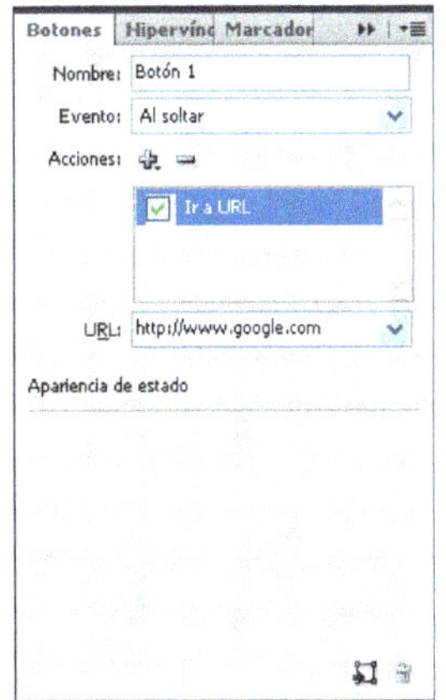

Ahora lo guardamos como SWF:

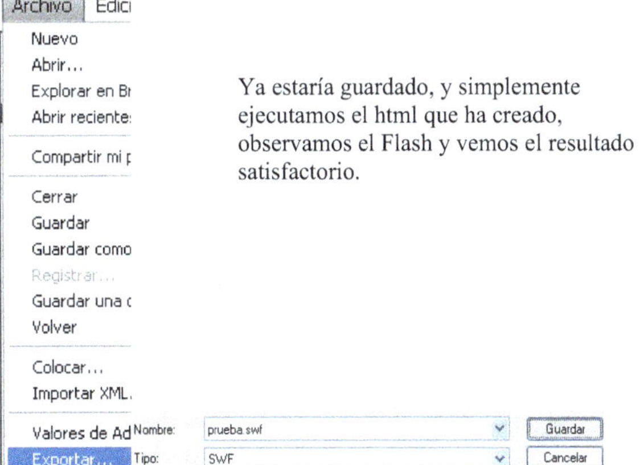

Ya estaría guardado, y simplemente ejecutamos el html que ha creado, observamos el Flash y vemos el resultado satisfactorio.

3.11.- Hipervínculos.

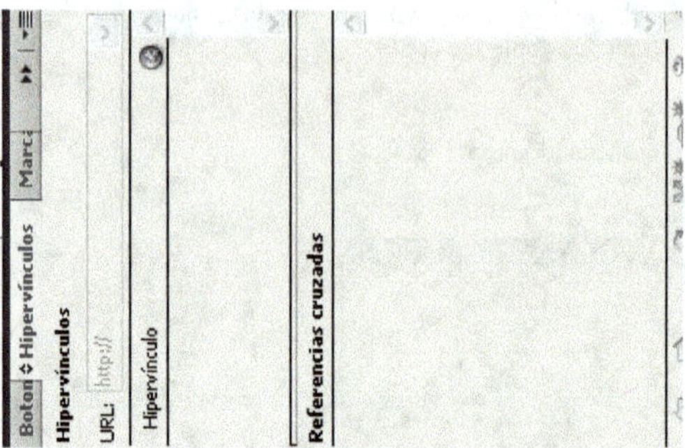

Crearemos un nuevo hipervínculo:

1.- Seleccionaremos el objeto que contendrá el hipervínculo.

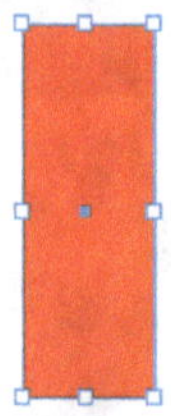

2.- Creamos el hipervínculo.

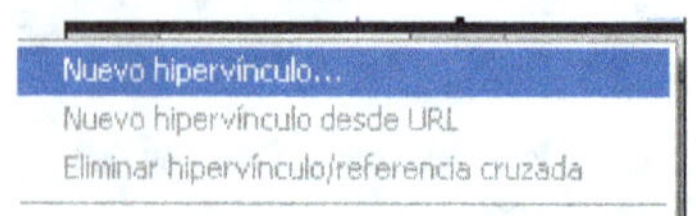

3.- Rellenamos los datos que pide:

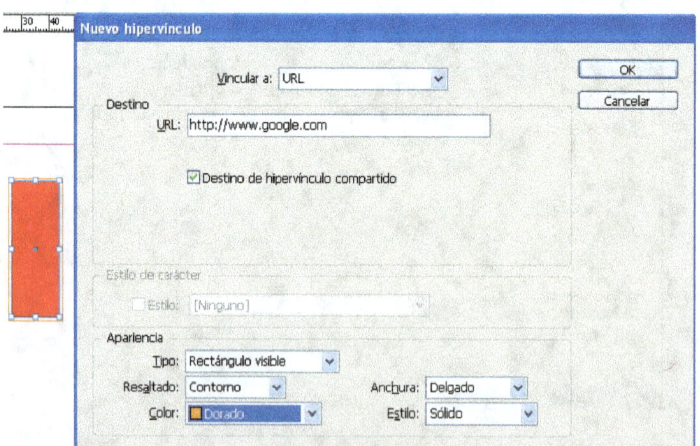

A continuación, daremos a aceptar y observaremos (si creamos un PDF o un SWF como funciona nuestro hipervínculo.

3.12.- Transiciones de páginas.

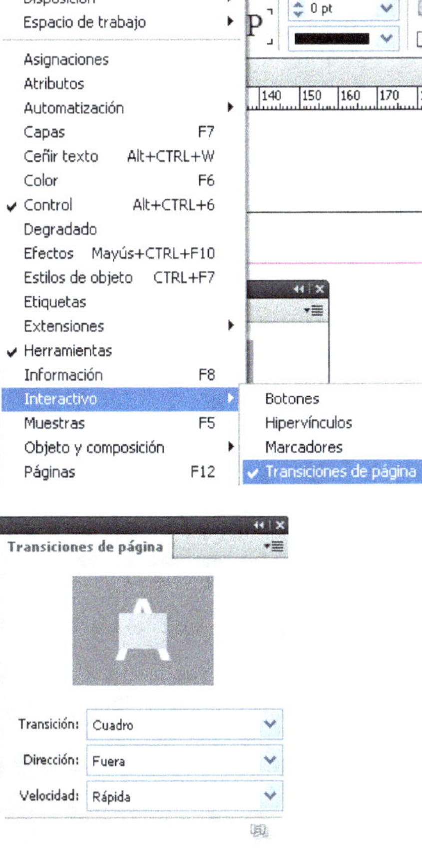

Poner cortinas entre páginas y cosas de esas.

Solo si guardamos en SWF y PDF.

4.- Menú ver.

4.1.- Menú guías.

Las guías funcionan como en todos los programas, pinchar, arrastrar y soltar.

Para mostrar u ocultar guías (la opción de ocultar solo estará habilitada si están mostrándose)

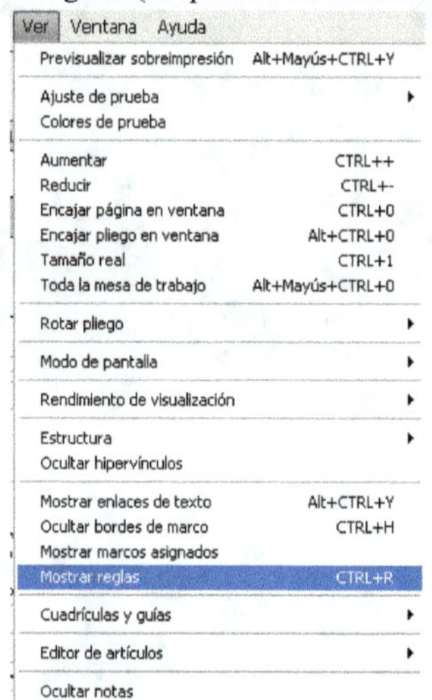 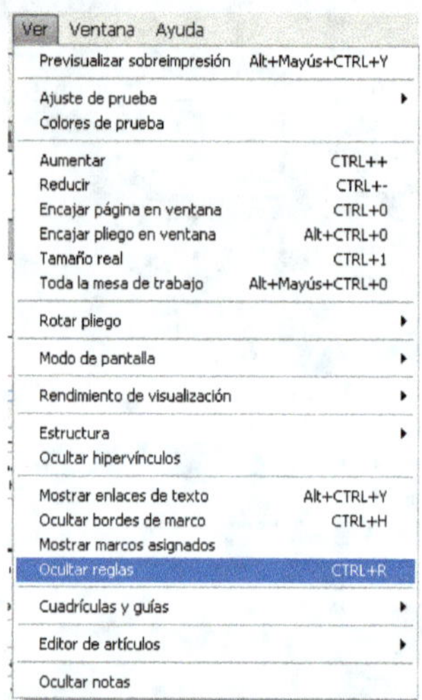

También podemos ocultarlas, hacerlas inteligentes...

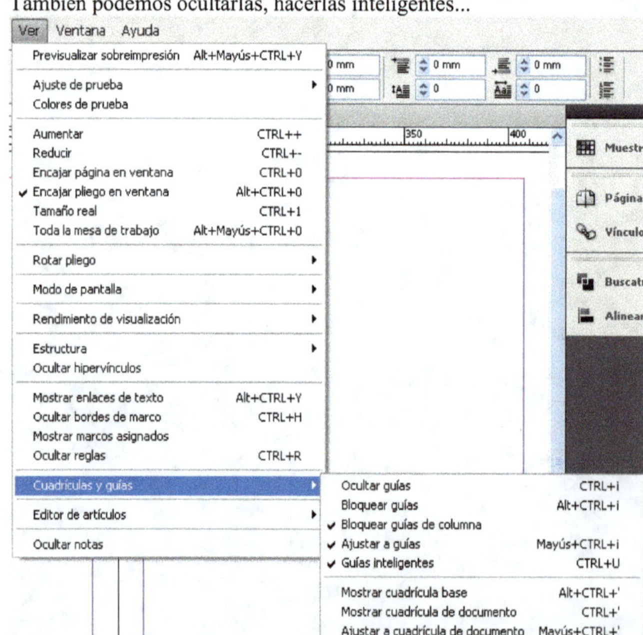

También podemos colocar guías con ciertas medidas:

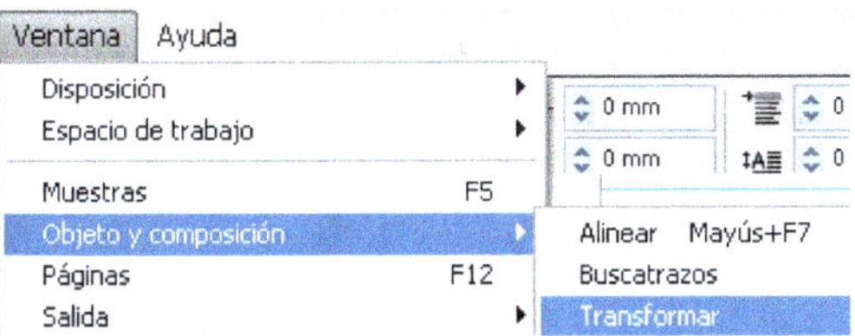

Una vez tengamos la guía seleccionada, deberemos abrir la respectiva ventana, una vez hecho, pondremos en X la distancia a la que queramos posicionar la guía.

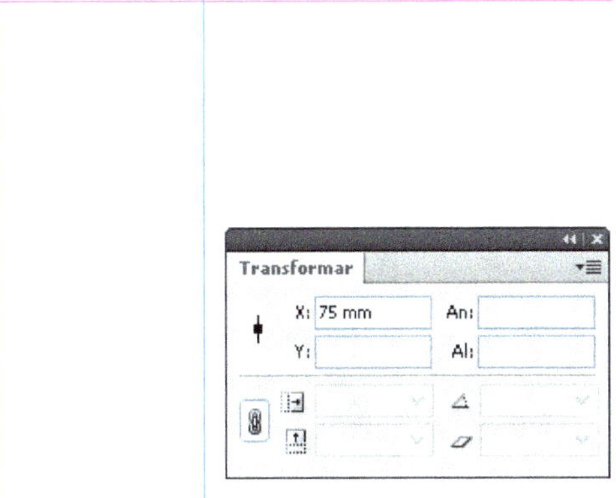

La línea azul es la guía, y en la ventana flotante de transformar observamos que se mueve en el eje de las X, simplemente introducimos un número, y la guía se moverá a esa posición.

Esto es mucho más sencillo que en Illustrator o en Photoshop.

5.- Menú objeto.

5.1.- Menú Opciones de marco de texto.

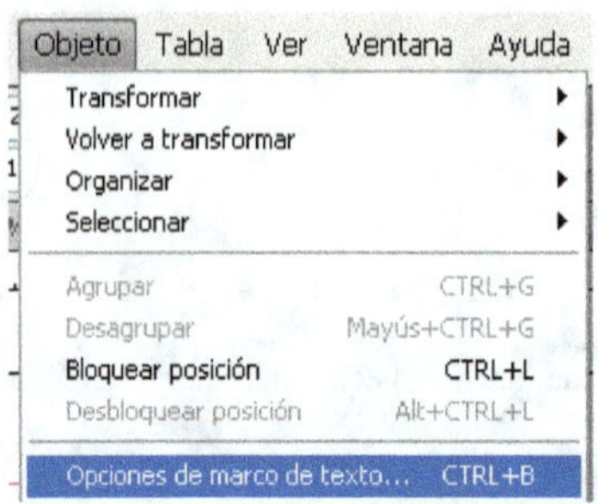

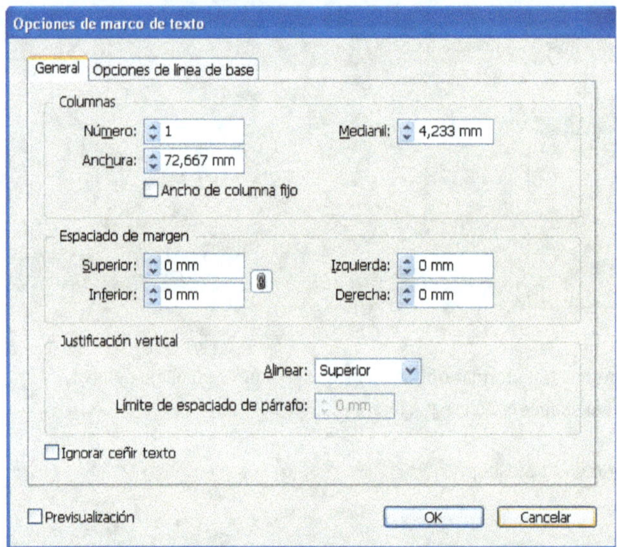

Aquí podremos crear las columnas, la anchura de cada columna, y el tamaño de medianil.

Esto sería en 4 columnas.

5.2.- Transformar.

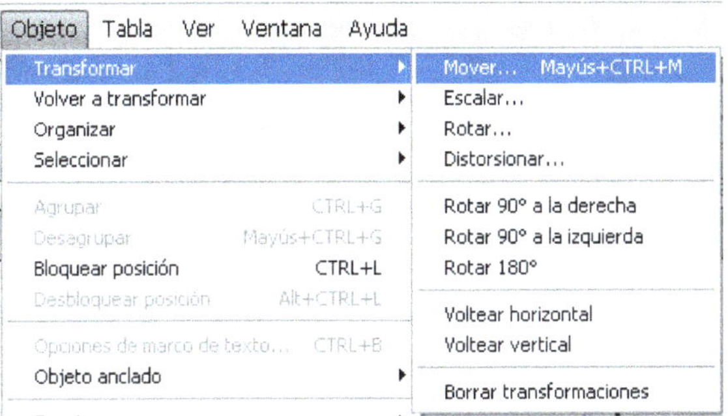

Los ejemplos los haremos teniendo en cuenta esta vista global:

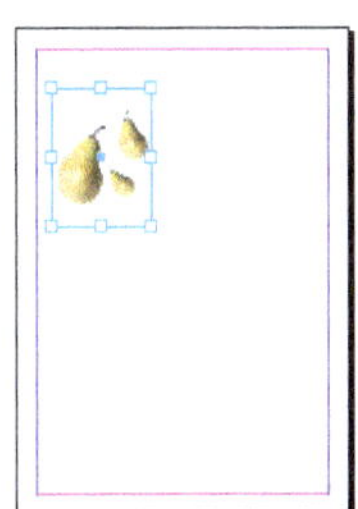

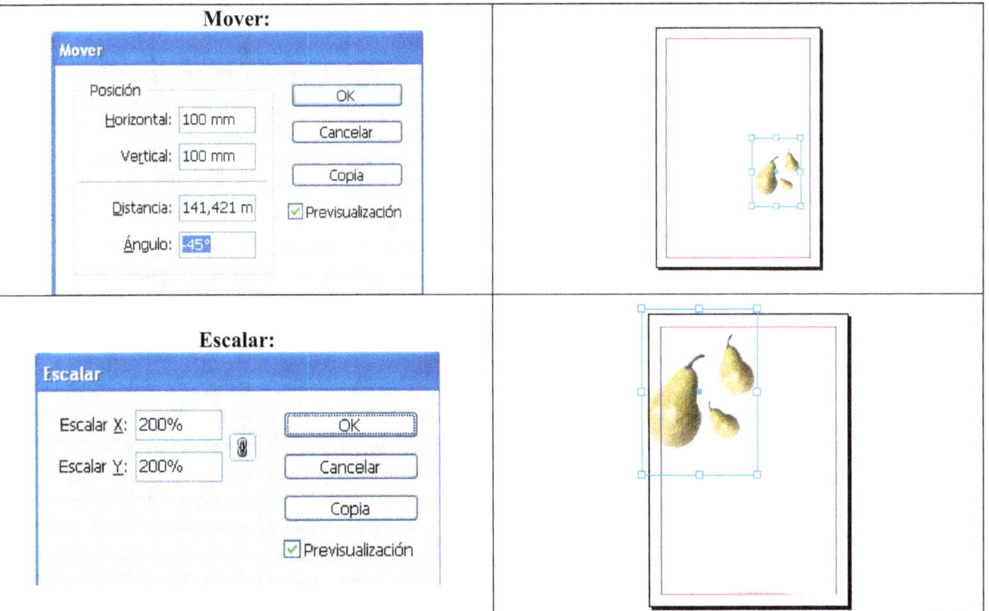

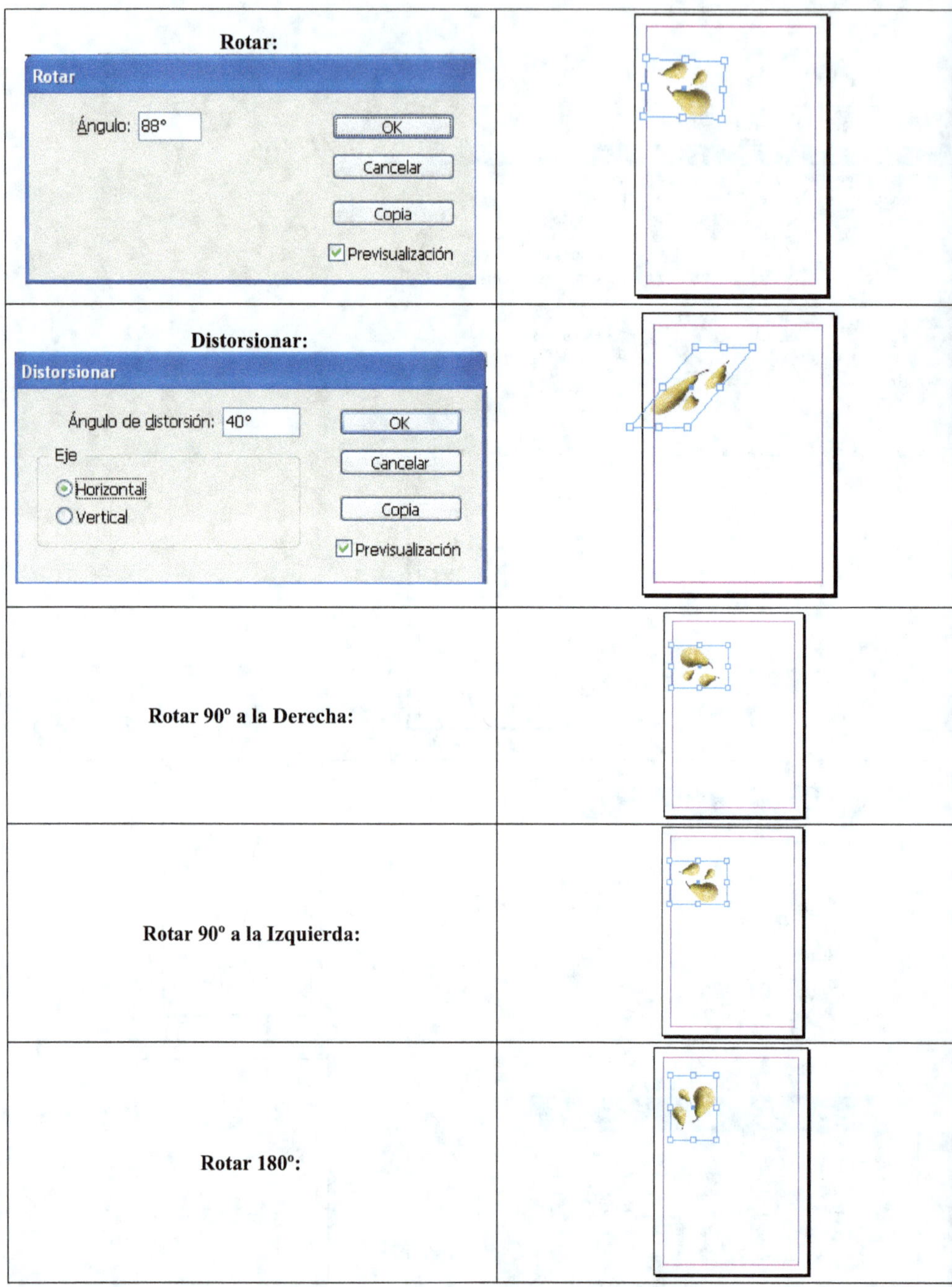

Rotar:
Rotar
Ángulo: 88°
OK
Cancelar
Copia
Previsualización

Distorsionar:
Distorsionar
Ángulo de distorsión: 40°
Eje
Horizontal
Vertical
OK
Cancelar
Copia
Previsualización

Rotar 90° a la Derecha:

Rotar 90° a la Izquierda:

Rotar 180°:

Voltear Horizontalmente:	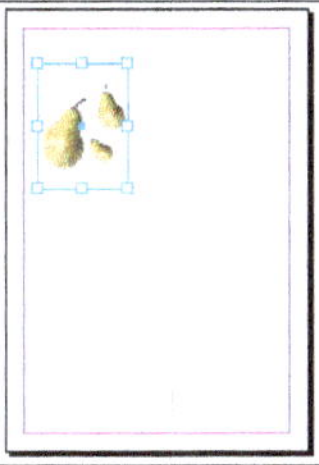
Voltear Verticalmente:	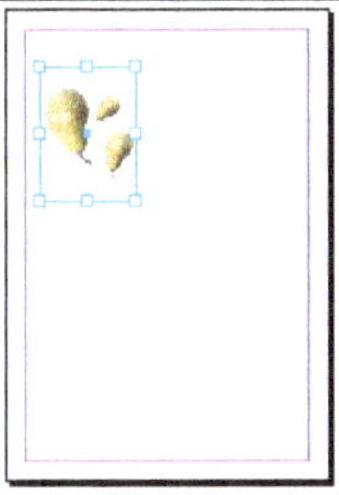
Borrar transformaciones:	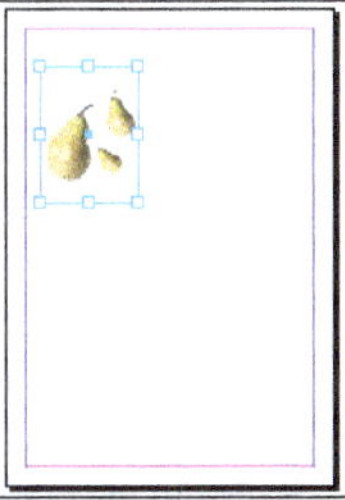

5.3.- Volver a Transformar.

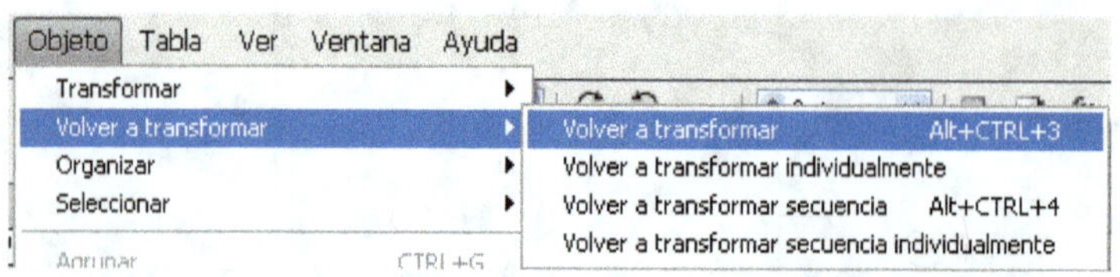

Volver a transformar: Transforma el objeto en la última transformación que hicimos, si no hay ninguna hecha, no hará nada.

Transformar individualmente: Transforma una a uno los objetos transformados.

Transformar secuencia: Transforma la secuencia de objetos.

Transformar secuencia individualmente: Transforma la secuencia de objetos uno a uno.

5.4.- Trazado de recorte.

Trazado de recorte:

Delimitaremos el área de una figura al de otra.

Para tener propiedades, la imagen tiene que venir con canales de Photoshop, es decir, importarlos como PSD.

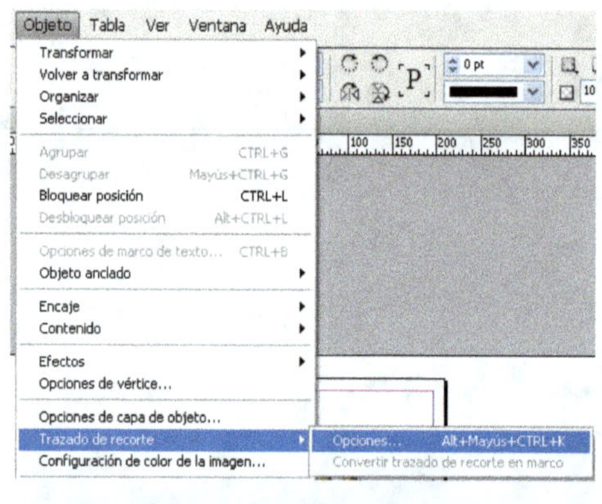

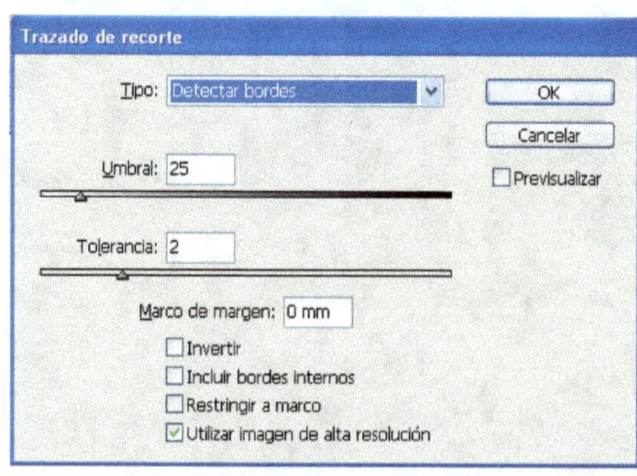

Una vez aquí, deberemos ir tanteando las opciones para ver cual se adecua mejor a la selección de bordes:

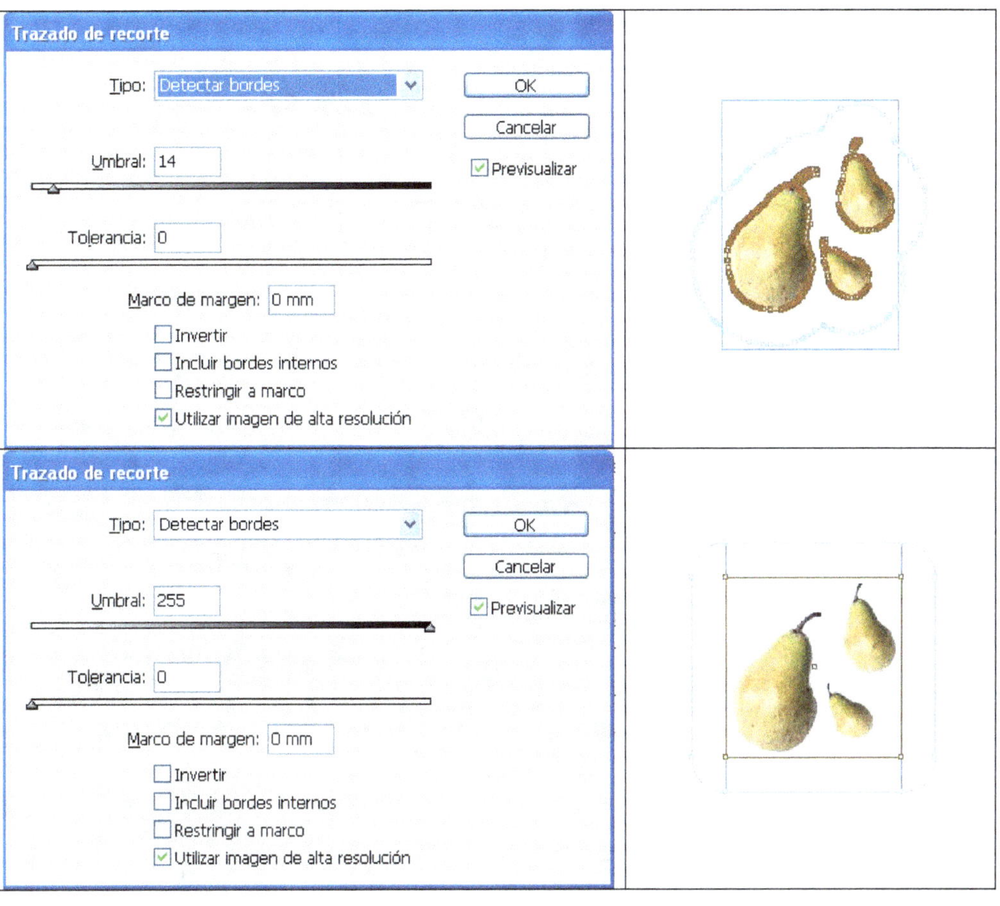

El umbral es la exactitud con la que marca una imagen, cuanto menor sea el umbral, mejor quedará seleccionado. La tolerancia es el "error" que puede contener la selección de bordes, es decir, a menor tolerancia con más exactitud selecciona, por todo ello, la mejor opción es la primera.

5.5.- Encaje.

Para encajar una imagen dentro de un cuadro, deberemos:

1.- Creamos el cuadro delimitador.

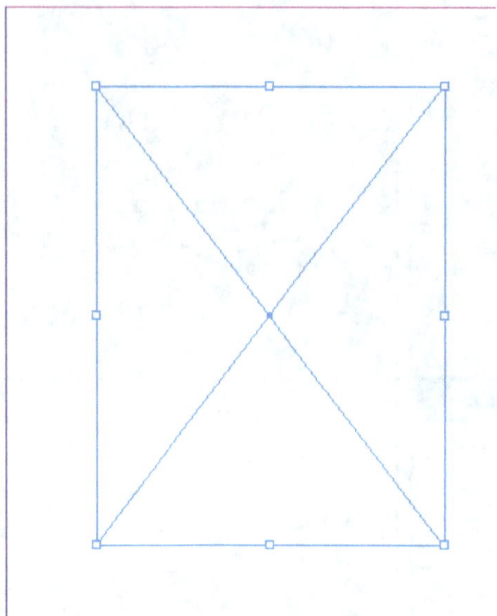

2.- Colocamos una imagen:

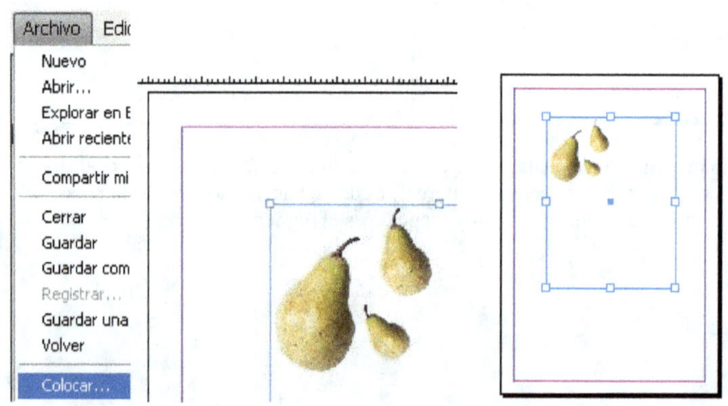

Una vez colocada, veremos cómo queda encajado todo:

Encajar contenido a marca	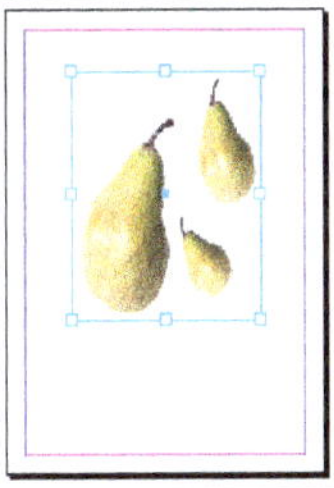
Encajar marco a contenido	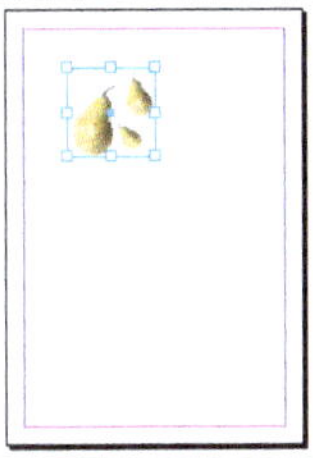
Centrar contenido	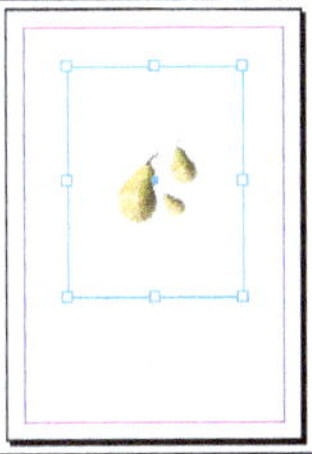
Encajar contenido proporcionalmente	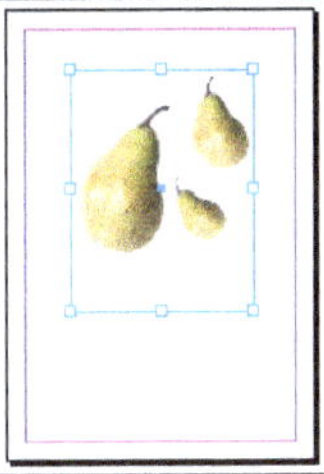
Llenar marco proporcionalmente	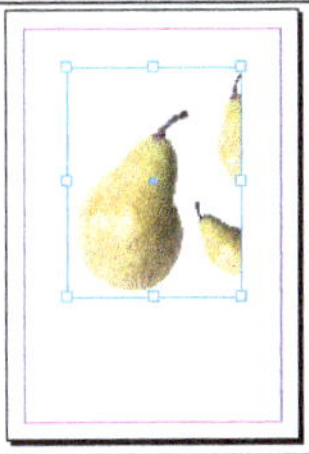

5.6.- *Opciones de vértice.*

La utilidad de esta herramienta no es más que dar forma a la caja contenedora del texto/imagen:

Creamos una caja:

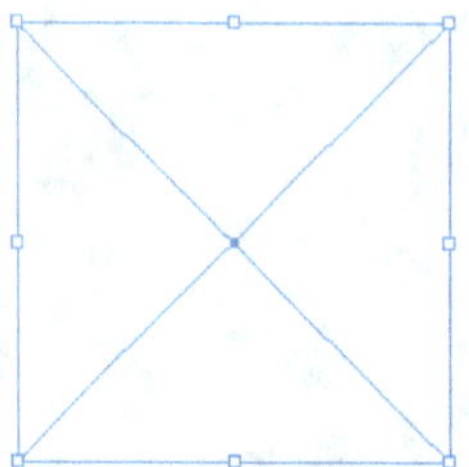

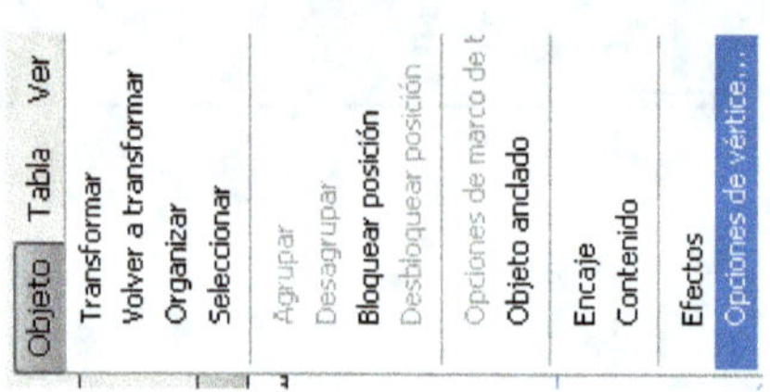

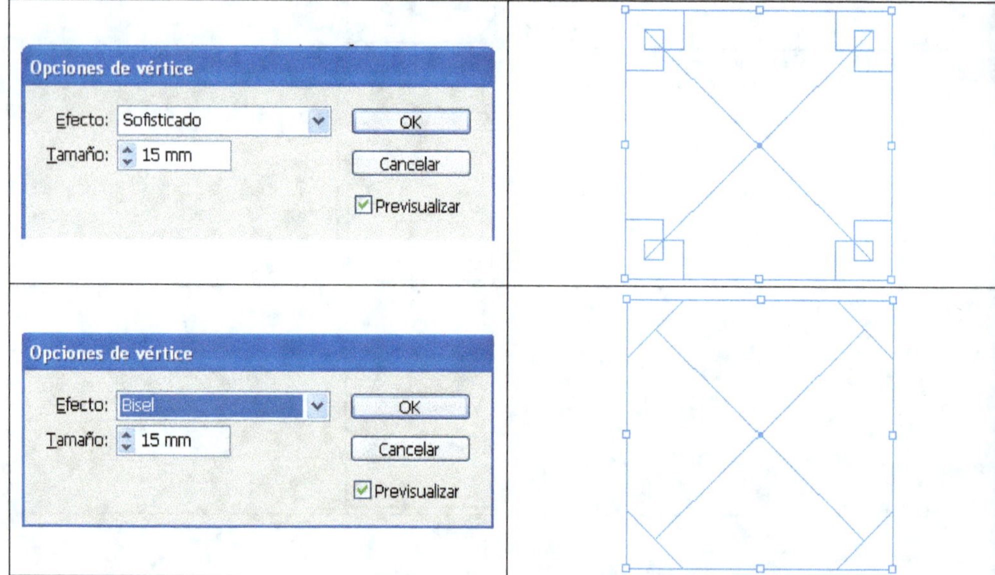

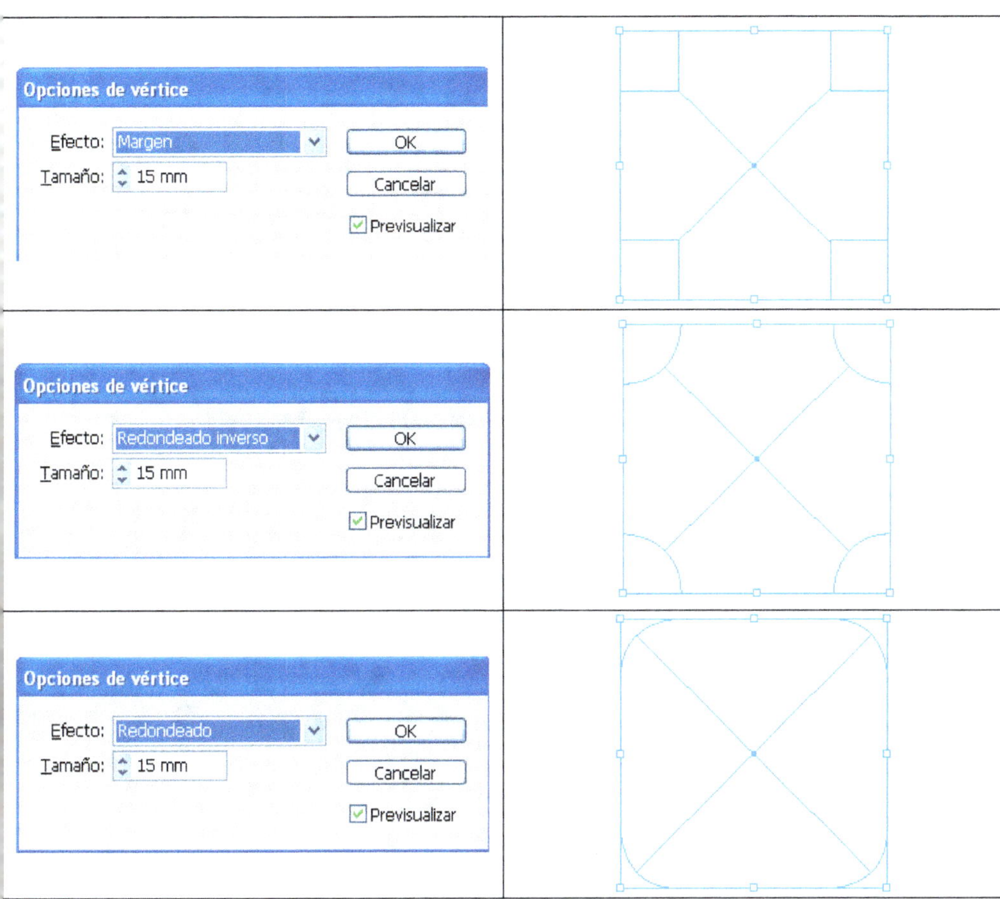

Opciones de vértice
Efecto: Margen
Tamaño: 15 mm
OK
Cancelar
Previsualizar
Opciones de vértice
Efecto: Redondeado inverso
Tamaño: 15 mm
OK
Cancelar
Previsualizar
Opciones de vértice
Efecto: Redondeado
Tamaño: 15 mm
OK
Cancelar
Previsualizar

6.- Efectos.

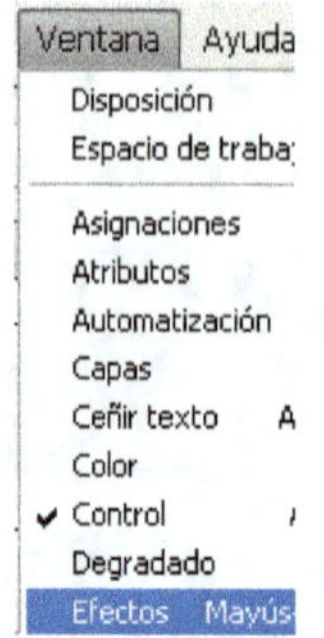

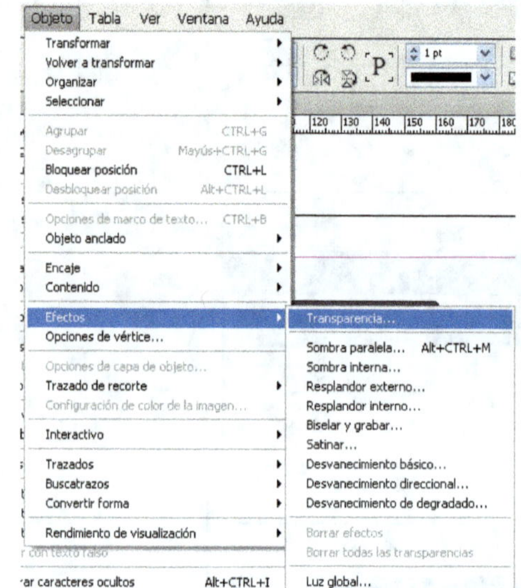

También podremos acceder desde:

Se abrirá una ventana, a la cual daremos doble clic para entrar en opciones de efectos:

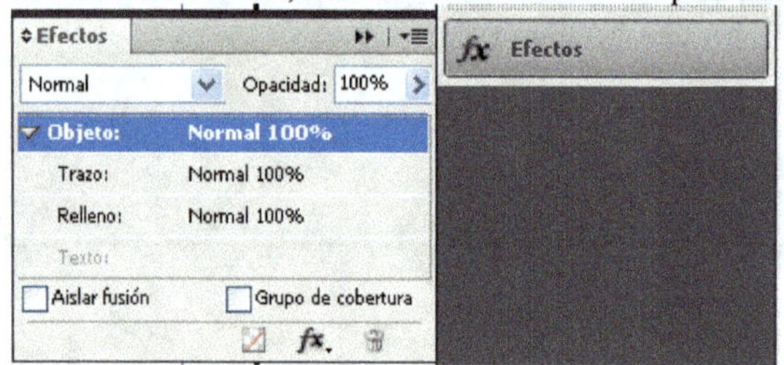

Los efectos se puede pasar de unos a otros, basta con pinchar y arrastrar.

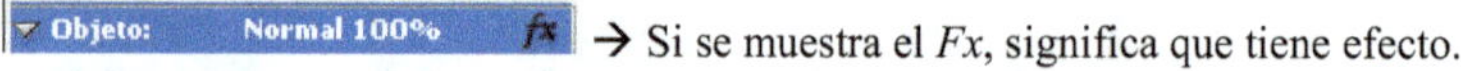
$\rightarrow$ Si se muestra el *Fx*, significa que tiene efecto.

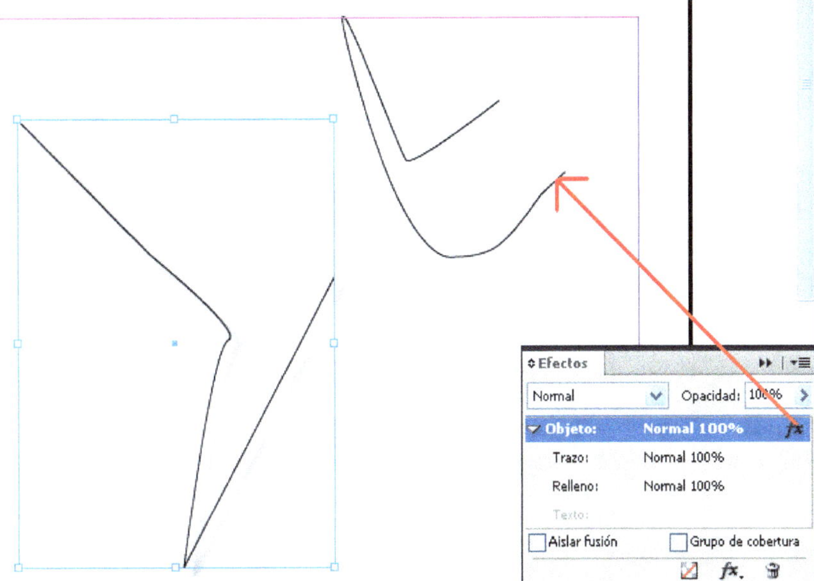

Arrastrando hacia el nuevo objeto, conseguiríamos que tuviera el mismo efecto.

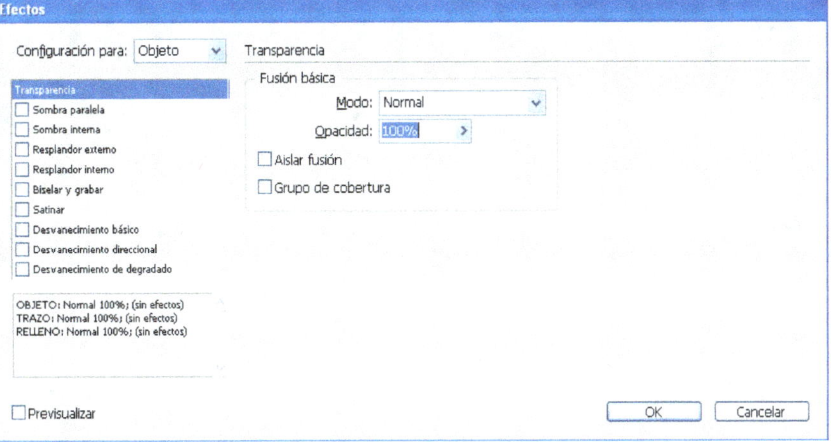

El desvanecimiento no es más que un calado.

Los efectos pueden aplicarse, tanto al objeto, como al relleno o al trazado.

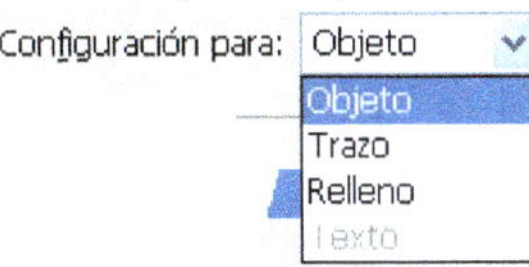

7.- PRÁCTICA 1

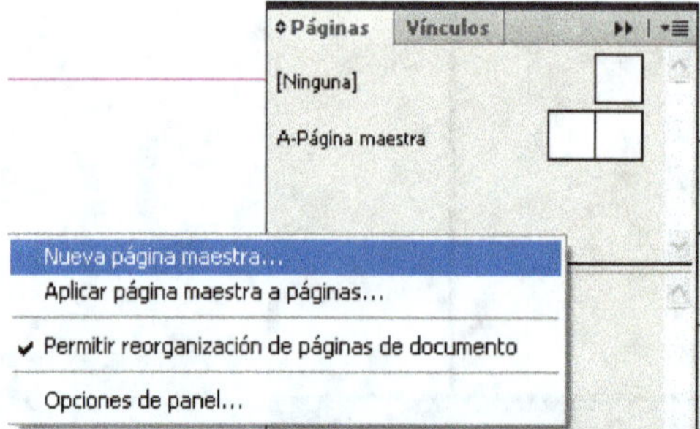

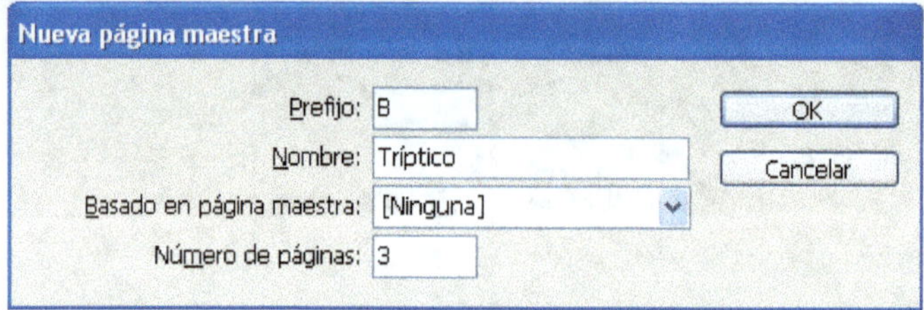

Una vez hecho esto, tendremos las 3 páginas, y ahora podremos realizar el tríptico:

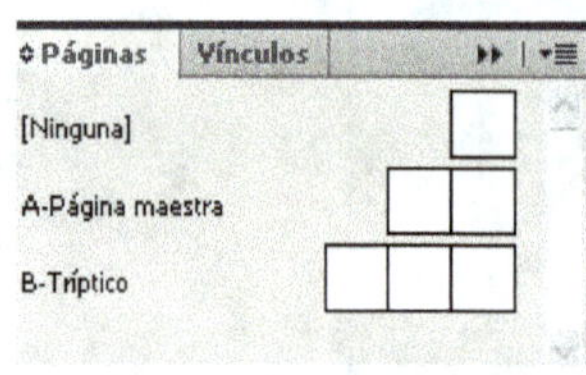

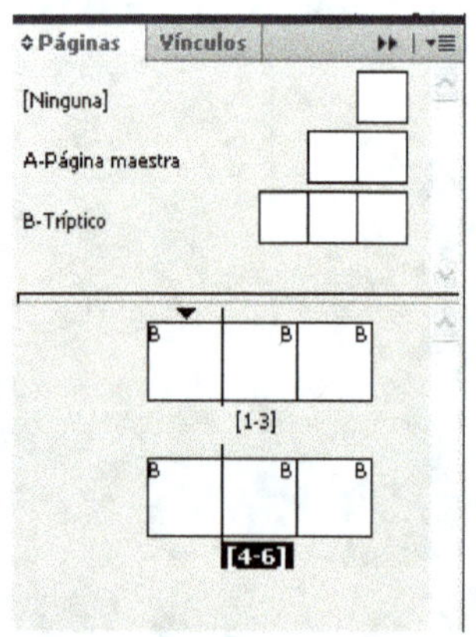

Ahora tendremos los trípticos 3 frontales y 3 traseras.

emos realizando el trabajo, poco a poco iremos obteniendo algo similar a esto:

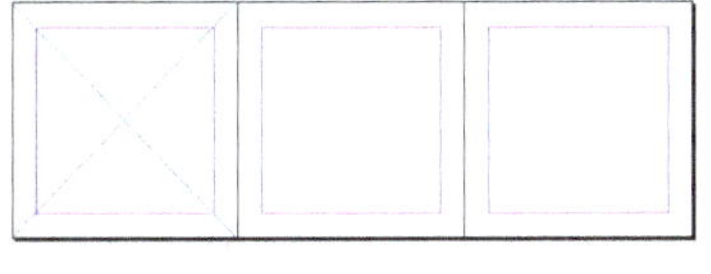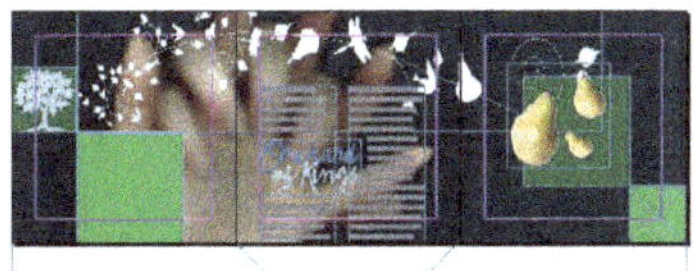

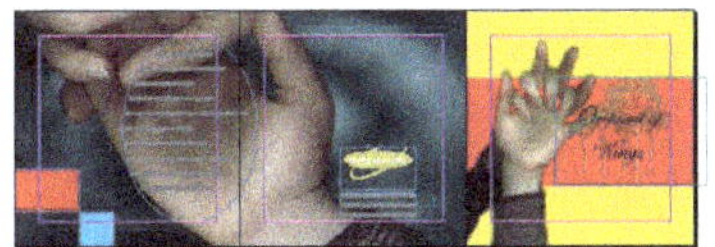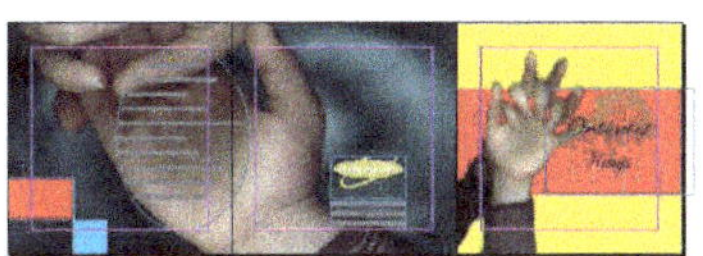

dición:

- Buscar/cambiar.
- Ortografía.
- Espacio de color → lo normal es CMYK.
- Valores del acoplamiento de transparencia: alta resolución-300ppp.
- Configuración del color: perfiles ICC, escalas de color, configuraciones de color, lo mejor es no tocarlo.
- Asignar perfiles: para imágenes…etc.
- Atajos de teclado: esto es recomendable no tocarlo por si trabajas en varios equipos…
- Menús: para que puedan ser visibles, donde encajarlos… menú archivo, menú edición…
- Preferencias: esto sirve para todo documento que abramos. Esto es un poco al gusto del consumidor, pero es recomendable no tocarlo, por lo mencionado anteriormente.

> **Unidades:** como queremos la regla, si por ejemplo trabajamos para internet, trabajamos en puntos en vez de en mm…Incremento de teclado: cambiar el espacio que moveremos presionando las teclas de dirección.
>
> **Rendimiento de visualización:** calidades de visualizado en pantalla.

omposición

- Páginas
- Márgenes y columnas
- Crear guías.
- Ajustes de composición: cuánto queremos que se imanten los objetos al moverlos hacia las guías.
- **Si tenemos más de una página:
    o Primera página.
    o Página anterior.
    o Página siguiente
    o Ultima siguiente.
    o Pliego siguiente
    o Pliego anterior
- Ir a página: introduces el número de página.
- Atrás
- Adelante.
- Opciones de numeración y sección.
- Tabla de contenidos:
    o Se aplican estilos a una página determinada, a ciertas páginas… utilizado hacia los párrafos.

abla

Debemos crear una caja de texto.